国家社会科学基金重点项目（23AZD083）成果

经济前沿课
新质生产力

赵振华等 著

人民日报出版社
北京

图书在版编目（CIP）数据

经济前沿课：新质生产力 / 赵振华等著 .—北京：人民日报出版社，2024.5
ISBN 978-7-5115-8238-6

Ⅰ.①经⋯ Ⅱ.①赵⋯ Ⅲ.①生产力 Ⅳ.①F014.1

中国国家版本馆CIP数据核字（2024）第059583号

书　　　名：	经济前沿课：新质生产力
	JINGJI QIANYANKE：XINZHI SHENGCHANLI
著　　　者：	赵振华等
出 版 人：	刘华新
责任编辑：	蒋菊平　　南芷葳
版式设计：	九章文化
出版发行：	人民日报出版社
社　　　址：	北京金台西路2号
邮政编码：	100733
发行热线：	（010）65369509　65369527　65369846　65369512
邮购热线：	（010）65369530　65363527
编辑热线：	（010）65369528
网　　　址：	www.peopledailypress.com
经　　　销：	新华书店
印　　　刷：	大厂回族自治县彩虹印刷有限公司
法律顾问：	北京科宇律师事务所　（010）83622312
开　　　本：	710mm×1000mm　1/16
字　　　数：	181千字
印　　　张：	14
版次印次：	2024年4月第1版　2024年5月第3次印刷
书　　　号：	ISBN 978-7-5115-8238-6
定　　　价：	58.00元

因地制宜发展新质生产力

2024年3月5日，习近平总书记在参加十四届全国人大二次会议江苏代表团审议时指出，要牢牢把握高质量发展这个首要任务，因地制宜发展新质生产力。这一重要论述不仅对江苏的发展有指导作用，对全国其他地方实现高质量发展同样具有十分重要的指导意义。

中国古代有丰富的因地制宜的思想和实践。《黄帝内经·异法方宜论篇》有记载："黄帝问曰：医之治病也，一病而治各不同，皆愈，何也？岐伯对曰：地势使然也。故东方之域，天地之所始生也，鱼盐之地。海滨傍水，其民食鱼而嗜咸，皆安其处，美其食。鱼者使人热中，盐者胜血。故其民皆黑色疏理，其病皆为痈疡。其治宜砭石，故砭石者，亦从东方来。西方者，金玉之域，沙石之处，天地之所收引也。其民陵居而多风，水土刚强。其民不衣而褐荐，华食而脂肥，故邪不能伤其形体，其病生于内。其治宜毒药，故毒药者，亦从西方来。……故圣人杂合以治，各得其所宜，故治所以异而病皆愈者，得病之情，知治之大体也。"[①] 不同的地

---

① 姚春鹏译注.黄帝内经[M].北京：中华书局.2016：93-96.

域，自然条件不同，所生疾病也不同，需要不同的医治方法，开出不同的药方方为有效。再比如，我国面积广大，自然条件迥异，千百年来形成了各具特色的民居，西北以窑洞为主，冬暖夏凉；皖南则有徽派建筑，有利于排水、通风；滇南民居则为干栏式歇山顶，有利于通风、防晒和排水，等等。各地民居充分融合于当地的自然条件，也充分体现人与自然的和谐相处。若把西北地区的建筑放到东南地区，显然不伦不类。中国古代也有刻舟求剑、守株待兔、削足适履等笑话，提醒我们要实事求是、因地制宜。

因地制宜、从实际出发是马克思主义的世界观和方法论。1887年恩格斯在致弗洛伦斯·凯利-威士涅威茨基的信中写道："我们的理论是发展着的理论，而不是必须背得烂熟并机械地加以重复的教条。"[①] 中国共产党成立以来的百年奋斗史，就是一部实事求是、从实际出发带领全国人民从胜利走向胜利的历史，也是一部不断地和本本主义、经验主义、主观主义斗争的历史。马克思主义中国化的过程，实质就是把马克思主义的普遍原理和中国实际相结合的过程。在革命、建设、改革开放各个时期，有一条基本经验，就是什么时候从实际出发，什么时候革命、建设和改革开放就能够取得胜利或取得巨大成就，反之，革命就要遭受失败，建设就会遭到损失。改革开放之后特别是进入新时代以来，之所以我国现代化建设能够取得举世瞩目的伟大成就，很重要的一点就是我们的路线方针政策符合实际，就是把党中央的决策部署结合各地的实际加以贯彻，而不是"一刀切"。

因地制宜就是要根据各地不同环境制定相应的措施，其实质是实事求是、从实际出发。因地制宜的"地"就是各地千差万别的实际情况，就是差异，就是特殊，各地的区位条件、自然资源、经济基础、科技水

---

① 马克思恩格斯文集第十卷[M].北京：人民出版社.2009：562.

平、交通条件、人口状况、风土人情等都不相同。正如全世界没有两片相同的树叶一样，全世界也没有完全相同的国情区情。因地制宜，一方面就是要体现差别化，体现特殊性，不能照搬照抄别国别地区的经验；另一方面也要随着时代的变化而变化，"故治国无法则乱，守法而弗变则悖，悖乱不可以持国。世易时移，变法宜矣。譬之若良医，病万变，药亦万变。病变而药不变，向之寿民，今为殇子矣"①。

新质生产力是高质量发展的强劲推动力、支撑力。要按照习近平总书记的要求，必须加强科技创新特别是原创性、颠覆性科技创新，加快实现高水平科技自立自强，打好关键核心技术攻坚战，使原创性、颠覆性科技成果竞相涌现，培育发展新质生产力的新动能。但是发展新质生产力是有条件的，需要人才、科研平台、科研成果、资金以及科技成果转化以及产业等，不能不顾条件，不切实际地追求高大上，其结果必然是留下烂摊子。习近平总书记强调指出，发展新质生产力不是忽视、放弃传统产业，要防止一哄而上、泡沫化，也不要搞一种模式。各地要坚持从实际出发，先立后破、因地制宜、分类指导。要改造提升传统产业，培育壮大新兴产业，布局建设未来产业，完善现代化产业体系。

因地制宜，需要各地摸清家底，搞清楚省（市）情、市情、县情、乡情，搞清楚优势和劣势，找准突破口和发力点，制定切实可行的方案，既要有紧迫感，也要稳中求进，要稳扎稳打。

恩格斯在《〈资本论〉英文版序言》中说："一门科学提出的每一种新见解都包含着这门科学的术语的革命。"②新质生产力这一概念的提出，不仅是增加了"新质"两个字，而且是对马克思主义生产力理论的

---

① 张双棣，张万彬，殷国光，陈涛译注.吕氏春秋［M］.中华书局.2016：152-153.
② 马克思恩格斯文集第五卷［M］.北京：人民出版社.2009：32.

继承和发展，也是对中国优秀传统文化的继承和发展，同样具有术语革命的性质。要深入学习、贯彻落实习近平总书记关于新质生产力的重要论述，非常有必要进行解读，为此，我们以讲义的方式撰写《经济前沿课：新质生产力》，每讲既独立成章，又相互联系，尽可能做到深入浅出。希望我们的努力能够为关注新质生产力的广大读者提供些许借鉴和参考。

中共中央党校（国家行政学院）经济学部主任　赵振华

2024年3月

目 录
CONTENTS

序言　因地制宜发展新质生产力 ·················· I

第一讲　新质生产力的内涵、特征及提出的重大意义

一、新质生产力的内涵 ····················· 004
二、新质生产力的特征 ····················· 016
三、新质生产力提出的重大意义 ············· 017

第二讲　新质生产力是对马克思主义生产力理论的继承和发展

一、马克思主义生产力理论的基本内容 ······ 025
二、习近平总书记关于新质生产力的重要论述是对马克思主义生产力理论的坚持和继承 ································ 033
三、习近平总书记关于新质生产力理论的重要论述是对马克思主义生产力理论的创新和发展 ···························· 037

第三讲　新质生产力的形成机制

一、技术进步形成机制：技术革命性突破 ··· 043
二、生产要素创新型配置机制 ··············· 047
三、产业深度转型升级机制 ·················· 049

第四讲 发展新质生产力的机遇和挑战

一、我国发展新质生产力的主要机遇 ……… 053

二、我国发展新质生产力面临的主要挑战 … 057

第五讲 新质生产力的实现路径

一、生产力发展的一般路径与新质生产力的实现路径 ……………………… 067

二、以科技创新体制变革推动实现技术革命性突破 ……………………… 071

三、以要素市场化改革推动生产要素创新性配置 ……………………… 075

四、围绕发展新质生产力促进产业深度转型升级 ……………………… 078

第六讲 构建新质生产力评价体系

一、构建经济效益评价体系 …………… 087

二、构建社会效益评价体系 …………… 092

三、构建生态效益评价体系 …………… 095

四、小结 ……………………………… 098

第七讲
国外发展新质生产力的经验借鉴

一、美国：积极布局新兴产业和未来产业，增强国际竞争力 …………… 103

二、德国：推动突破性创新，维护未来产业技术主导力 …………… 115

三、日本：科技创新牵引未来产业发展 …… 122

第八讲
新质生产力的重大影响

一、对经济增长的重大影响 ………… 131

二、对社会的重大影响 ……………… 138

三、对思维方式的重大影响 ………… 139

第九讲
形成与新质生产力相适应的新型生产关系

一、新质生产力催生新型生产关系 ………… 143

二、新型生产关系的内涵 ……………… 144

三、塑造新型生产关系需要把握的原则 …… 148

四、全面深化改革扩大开放 ……………… 149

第十讲 加快形成新质生产力的政策体系

一、政策体系的内涵及新质生产力形成所需的政策体系的设计原则 …… 165

二、构建新质生产力所需的科技创新政策体系 …… 169

三、构建新质生产力所需的人才政策体系 …… 180

四、构建新质生产力所需的战略性新兴产业政策体系 …… 187

附录 新质生产力研究综述

一、国内外关于生产力研究的学术史梳理 …… 197

二、中国共产党对于发展社会主义生产力的主要论述 …… 201

三、国内学者关于社会主义生产力理论的相关概述 …… 202

四、新质生产力理论的最新研究现状 …… 204

后记 …… 211

第一讲

新质生产力的内涵、特征及提出的重大意义

新质生产力是创新起主导作用，摆脱传统经济增长方式、生产力发展路径，具有高科技、高效能、高质量特征，符合新发展理念的先进生产力质态。它由技术革命性突破、生产要素创新性配置、产业深度转型升级而催生，以劳动者、劳动资料、劳动对象及其优化组合的跃升为基本内涵，以全要素生产率大幅提升为核心标志，特点是创新，关键在质优，本质是先进生产力。

习近平总书记围绕新质生产力问题发表一系列讲话。2023年9月7日，在新时代推动东北全面振兴座谈会上，他提出新质生产力的概念，并指出，积极培育新能源、新材料、先进制造、电子信息等战略性新兴产业，积极培育未来产业，加快形成新质生产力，增强发展新动能。这不仅为新时代东北振兴指明了方向，对全国其他地区同样具有指导意义。次日，习近平总书记在听取黑龙江省委省政府工作汇报时，再次提到新质生产力，要求黑龙江整合科技创新资源，引领发展战略性新兴产业和未来产业，加快形成新质生产力。2023年12月11日~12日召开的中央经济工作会议就2024年的经济工作做出部署，第一项任务就是，以科技创新引领现代化产业体系建设。要以科技创新推动产业创新，特别是以颠覆性技术和前沿技术催生新产业、新模式、新动能，发展新质生产力。2024年1月19日，习近平总书记在"国家工程师奖"首次评选表彰之际作出重要指示强调，希望全国广大工程技术人员坚定科技报国、为民造福理想，勇于突破关键核心技术，锻造精品工程，推动发展新质生产力，加快实现高水平科技自立自强，服务高质量发展，为以中国式现代化全面推进强国建设、民族复兴伟业作出更大贡献。2024年1月31日，在中共中央政治局第十一次集体学习时，习近平总书记强调要加快发展新质生产力，扎实推进高质量发展，对新质生产力的内涵、发展新质生产力的重大意义以及发展新质生产力的路径作出了系统的阐释。2024年2月29日，在中共中央政治局第十二次集体学习时，习近平总书记强调，要瞄准世界能源科技前沿，聚焦能源关键领域和重大需求，合理选择技术路线，发挥新型举国体制优势，加强关键核心技术联合攻关，强化科研成果转化运用，把能源技术及其关联产业培育成带动我国产业升级的新增长点，促进新质生产力发展。2024年3月5日，在参加十四届全国人大二次会议江苏代表团审议时，习近平总书记强调指出，要牢牢把握高质量发展这个首要任务，因地制宜发展新质生产力。面对新一轮科技革命和产业变革，我们必须抢抓机遇，加大创新力度，培育壮大新兴产业，超前布局建设未来产业，完善现代产业体系。发展新质生产力不是忽视、放弃传统产业，要防止一哄而上、泡沫化，也不要搞一种模式。各地要坚持从实际出发、先立后破、因地制宜、分类指导，根据本地的资源禀赋、产业基础、科研条件等，有选择地推动新产业、新模式、新动能发展，用新技术改造提升传统产业，积极促进产业高端化、智能化、绿色化。2024年3月6日，习近平总书记在看望参加政协会议的民革、科技界、环境资源界委员时指出，科技界委员和广大科技工作者要进一步增强科教兴国强国的抱负，担当起科技创新的重任，加强基础研究和应用基础研究，打好关键核心技术攻坚战，培育发展新质生产力的新动能。2024年3月7日，习近平总书记出席十四届全国人大二次会议解放军和武警部队代表团全体会议时指出，要乘势而上，把握新兴领域发展特点规律，推动新质生产力同新质战斗力高效融合、双向拉动。2024年3月20日，习近平总书记主持召开新时代推动中部地区崛起座谈会时强调，要以科技创新引领产业创新，积极培育和发展新质生产力。在较短的时间内，习近平总书记多次就新质生产力问题发表重要讲话，可见其重要性。

一、新质生产力的内涵

生产力是人们改造自然、利用自然的能力，是推动社会进步的最活跃最革命的因素。生产力是历史的，今天的生产力是过去世代积累的结果；生产力是现实的，表现为庞大的创造社会财富、利用自然、改造自然的能力，同时今天的生产力又是未来生产力的基础。犹如生物体进化，社会发展和进步的过程就是新陈代谢的过程，生产力不断地在已有基础上繁衍出新生力量，不断繁衍出新树、长出新枝，给人类社会带来新的希望。在传统生产方式下，劳动者、劳动资料、劳动对象是以复制过去为主，生产力发展速度极其缓慢。在原始社会，生产力进步大体以万年甚至十万年为单位来计算；农耕社会生产力进步速度大体以百年为单位来计算；十八世纪中后期工业革命以来，生产力进步大体以十年为单位计算；当今社会已经进入信息化时代，基本上以年和月为单位计算。早在20世纪60年代，摩尔定律就显示，集成电路上可以容纳的晶体管数目大约每经过18个月就会增加一倍，同时价格下降一半，揭示了信息技术进步之快，今天已经远不止这个速度，完全可以用日新月异、一日千里来形容。无论处于什么时代，生产力的发展都是科技进步和新兴产业推动的自然的历史的产物。

习近平总书记在中共中央政治局第十一次集体学习时的重要讲话中深刻地分析了新质生产力的内涵。他指出，新质生产力是创新起主导作用，摆脱传统经济增长方式、生产力发展路径，具有高科技、高效能、高质量特征，符合新发展理念的先进生产力质态。它由技术革命性突破、生产要素创新性配置、产业深度转型升级而催生，以劳动者、劳动资料、劳动对象及其优化组合的跃升为基本内涵，以全要素生产率大幅提升为核心标志，特点是创新，关键在质优，本质是先进生产力。

学习领会习近平总书记关于新质生产力内涵的主要论述，需要把握以下几点。

（一）创新在发展新质生产力中起主导作用

生产力的发展是由多种因素决定的。马克思指出："劳动生产力是由多种情况决定的,其中包括:工人的平均熟练程度,科学的发展水平和它在工艺上应用的程度,生产过程的社会结合,生产资料的规模和效能,以及自然条件。"① 工人的平均熟练程度指的是劳动力的文化和技术素养;科学的发展水平和它在工艺上的应用程度指的是科技进步及其转为现实生产力的状况,实质是科技创新;生产过程的社会结合指的是生产要素在生产过程中实现的组合及发挥的效能,是资源的配置效率;生产资料的规模和效能指的是生产资料的数量多少、规模大小以及蕴藏的生产能力的大小,决定劳动生产率的高低;自然条件指的是一个国家或地区所处的区位和自然资源的丰裕程度,自然条件是生产力发展的影响因素而不是决定因素,自然条件好的地区未必是发达地区,从现实情况来看,不少没有区位优势,缺乏自然资源的地区恰恰成为发达地区。随着生产力的不断进步,生产力函数中不断增加新的自变量,包括:投入要素的数量和质量及影响它们的因素,如人口的素质和数量、储蓄和资本形成、技术进步;生产要素的组合及其积极性的发挥;对外贸易;教育、卫生、环境;经济制度和经济体制以及治理能力,等等。

创新在新质生产力的形成和发展中发挥着主导作用。

创新包括思想创新、制度创新、技术创新、文化创新、管理创新等,涉及人类生产和生活的方方面面,可以断定,人类生产和生活有多少领域就有多少领域的创新。新质生产力所谈到的创新则是指科技创新以及和科技创新相适应的体制创新,也就是与新质生产力相适应的新型生产关系。

创新理论的首创者美籍奥地利政治经济学家约瑟夫·熊彼特,被誉为创新理论的鼻祖,1912年出版《经济发展理论》一书,提出了创新及其在经济发展中的作用,并从创新的视角解释经济发展规律。他认为创

---

① 马克思恩格斯文集第五卷[M].北京:人民出版社.2009:53.

新就是要建立一种新的生产函数，也就是说把一种从来没有过的关于生产要素和生产条件的新组合引入生产体系。他认为，创新包括五方面：采用一种新产品或一种产品的新特征、采用一种新的生产方法、开辟一个新市场、控制原材料或半制成品的一种新的供应来源、实现任何一种工业的新的组织。一般将其归结为：产品创新、技术创新、市场创新、资源配置创新、组织创新。他指出："开动和保持资本主义发动机运动的根本推动力，来自资本主义企业创造的新消费品、新生产方法或运输方法、新市场、新产业组织的形式。"①

美籍奥地利人彼得·德鲁克，被誉为现代管理学之父。在《创新与企业家精神》中，他指出当前的经济已经由管理的经济转变为创新的经济。他提出了引发创新的七大机遇，即意外发现、不协调现象、程序需要、产业和市场结构的变化、人口结构的变化、认知的变化、新知识等。只有抓住机遇，企业才能更好发展，否则就会衰退。

被誉为管理学后起之秀的日本管理学家野中郁次郎在《创造知识的企业》中提出显性知识和隐性知识有很大的区别，显性知识是指那些可以用规范化的语言、文字记录并在员工中间互相学习的知识，隐性知识是指企业中不为察觉、不被写入规章制度的知识，包括一线工人的个人经验、直觉、处理复杂问题的能力。创新是隐性知识和显性知识相互转换的过程，创新就是要把组织内部的有关知识和经验，与这个时代重新连接、匹配和重构，就是知识的创造。

美国著名的管理学家，被誉为"颠覆式创新"之父的克里斯坦森在1997年出版的《创新者的窘境》中提出了颠覆式创新理论。他指出，创新不同于改良，颠覆式创新的本质在于以更便宜、更便捷的技术取代主流技术。良好管理的企业因为没有把握住市场与破坏性技术的时机，最

---

① 〔美〕约瑟夫·熊彼特.资本主义、社会主义与民主[M].北京：商务印书馆.1999：146.

终丧失了行业中的领先地位，往日的成绩成为企业的绊脚石。传统企业很可能死于路径依赖，破坏性创新可能会破坏传统领域的增长，却有可能给企业带来全新的未来。

美国学者埃弗雷特·罗杰斯在1962年出版的《创新的扩散》中提出了创新事物、思想在社会系统中扩散的S曲线理论。他认为创新是一种被个人或其他采用单位视为新颖的观念、实践或事物。创新扩散是指一种基本社会过程，在这个过程中，主观感受到的某个新主意的信息被传播。通过一个社会构建过程，创新的意义逐渐显现。他将创新的传播分为五个步骤，即认知、说服、决定、实施和确认，并提出如何让创新成为现实的问题。通过创新的扩散，可避免好创新、好产品被卡壳，让创新能够有效地被社会系统接受，创造价值，改变世界。他尖锐地指出，不扩散的创新是不道德的，但徒有想象的创意不能改造这个世界，只是空谈。

美国学者亨利·切萨布鲁夫被誉为"开放式创新之父"。他在《开放式创新》中提出将组织系统外的知识、经验、人才，用一种流程方式将其带入组织内部，驱动组织创新，要打开组织的边界，更好地为客户服务，为组织获得战略竞争优势。书中还提出了开放式用户创新，实现企业与用户的融合；开放式组织创新，实现企业与员工双赢；开放式产品创新，实现产品迭代优化；开放式市场创新，实现用户全球化。

美国学者维杰伊·戈文达拉扬在2013年出版的《逆向创新》中，提出了逆向创新问题，即从低端市场或者发展中市场中进行市场实践，再逆向拆解创新反哺发达市场。

被誉为世界一流的战略学大师加里·哈默在《竞争大未来》中，提出了经营管理能力的创新，即要想获得竞争优势，甚至颠覆整个行业，就必须进行经营管理模式的创新，特别是如何赢取未来发展战略层面的创新。他认为创新不仅指开发新产品和采用新技术，观念创新在经营管理中更重要更有效。

从西方创新简史中可以看出，无论是技术创新、观念创新，还是颠覆式创新、创新扩散等，其论证的基本上是企业即微观创新问题。

有5000年文明史的中国，孕育了优秀的传统文化，悠悠历史长河，有着丰富的创新思想和创新实践。《诗经·大雅·文王》曰："周虽旧邦，其命维新。"①《礼记·大学》曰："汤之盘铭曰：苟日新、日日新、又日新。"②《易·系辞》曰："天地革而四时成。汤武革命，顺乎天而应乎人。革之时大矣哉！""一阖一辟谓之变，往来不穷谓之通。"③《庄子·天运》曰："礼仪法度者，应时而变者也。"④唐代著名文学家韩愈提出为文要"师其意，不师其辞"，南宋诗人吕本中提出要惟变所出，万变不从，等等，均从不同侧面提出了创新思想。

从创新实践来看，中华民族发展史，就是一部创新发展史，不仅对中国文明进步做出了巨大贡献，而且对世界文明发展都做出了不可磨灭的贡献。中国创新史既有社会创新也有技术创新。就社会创新而言，不乏社会变法的案例。秦国的商鞅变法、北宋的王安石变法、明代的一条鞭法、清代的戊戌变法等，虽然都失败了，但对中国社会制度的演变和进步起到了很大作用。就科技创新而言，无论是四大发明、都江堰水利工程、赵州桥，还是农业种植、天文观测、中医中药等也都是生动的创新案例。

中国的落伍发生在近代以后，无论是经济总量还是占世界的比例，都大大落后了。当十八世纪之后西方国家纷纷发生技术革命并引发产业革命之时，中国则梦醉于大清帝国。而此时的大清帝国只是一位不知看世界、穿着华丽、肥胖臃肿的老人而已，是落日的辉煌，封建制度的回

---

① 王秀梅译注.诗经[M].北京：中华书局.2016：279.
② 〔宋〕朱熹.四书章句集注[M].北京：中华书局.2011：6.
③ 〔唐〕魏徵等编撰.刘余莉主编.群书治要译注[M].北京：中国书店出版社.2012：103.
④ 傅云龙，陆钦注释.老子庄子[M].北京：华夏出版社.2000：240.

光返照。随之而来的就是被西方列强入侵，一步一步地沦为半殖民地半封建社会。

新中国成立后，我们建立了崭新的社会主义制度，在一穷二白的基础上建立起了完整的国民经济体系，但一度犯了急躁冒进的错误，特别是发生了"文革"浩劫，与发达国家的差距进一步拉大。改革开放之后，我国不断地推进制度创新，以制度创新激发全社会的创新活力，特别是党的十八大以来，进入社会主义现代化国家的新时代，更加重视有组织的科研，全面推动科技创新，既推动微观层面的创新，又推动宏观层面的创新；既推动企业创新，又推动社会创新和体制创新，取得了举世瞩目的伟大成就。

当今时代，全世界的科技创新呈现以下几个特点：一是创新速度越来越快。农耕社会，创新速度非常慢，往往上百年甚至几百年才会在某一领域有所突破。工业社会之后，创新速度大大加快，创新周期大大缩短，三次产业革命的间隔都非常短。如今新技术新产品层出不穷，技术不断迭代。通信行业已经从1G发展到5G，并正向6G迈进。二是创新领域宽。从人类科技发展史来看，第一次科技革命的主要标志是纺织机和蒸汽机；第二次科技革命的主要标志是电的发明、内燃机的应用、电报的发明、汽车的发明等；第三次科技革命的标志是原子能、电子计算机、空间技术、生物工程的发明和应用，涉及信息技术、新能源、新材料、生物技术、空间技术和海洋技术，等等，目前第三次科技革命仍在持续过程中。当然，学术界对信息革命是否称作第四次产业革命有不同看法。三是通用技术越来越多，并被广泛应用于人类生产和生活的方方面面，特别是数字化技术已经渗透到各个产业和生活的各种场景，人们的生产和生活已经离不开"数字"。四是学科交叉融合趋势愈益明显，过去单一学科的技术突破被多学科融合突破所代替，有的科学技术已经分不清属于哪一个学科，不仅在学科内部呈现专业交叉融合，更是在学科之间呈现交叉融合。五是影响更为广泛而深刻。当今时代,新的科学技术既改变着人类的生产方式,也深刻地改变着人类的生活方式和思想观念,既给人类带来巨大福祉,也带来前所未有的挑战。正如习近平总书记在中国科学院第二十次院士大会、中国工程院第十五次院士大会和中国科学技术协会第十次全国代表大会上的讲话中所指出的:"当前,新一轮科技革命和产业变革突飞猛进,科学研究范式正在发生深刻变革,学科交叉融合不断发展,科学技术和经济社会发展加速渗透融合。科技创新广度显著加大,宏观世界大至天体运行、星系演化、宇宙起源,微观世界小至基因编辑、粒子结构、量子调控,都是当今世界科技发展的最前沿。科技创新深度显著加深,深空探测成为科技竞争的制高点,深海、深地探测为人类认识自然不断拓展新的视野。科技创新速度显著加快,以信息技术、人工智能为代表的新兴科技快速发展,大大拓展了时间、空间和人们认知范围,人类正在进入一个'人机物'三元融合的万物智能互联时代。生物科学基础研究和应用研究快速发展。科技创新精度显著加强,对生物大分子和基因的研究进入精准调控阶段,从认识生命、改造生命走向合成生命、设计生命,在给人类带来福祉的同时,也带来生命伦理的挑战。"① 六是能够进行颠覆性技术创新的国家越来越少。由于进入门槛越来越高,需要庞大的稳定的高精尖的人才队伍、持续的大规模的资金支持和处于技术前沿的平台,需要有利于创新的财政保障机制、金融体制和市场化的激励机制保障,而不能仅通过行政命令办法推动,故能够拥有前沿技术的国家越来越少。换言之,领跑者越来越少。

(二)新质生产力摆脱了传统经济增长方式和生产力发展路径

传统经济增长方式和生产力发展路径有几个基本特点。1.依靠资源

---

① 习近平谈治国理政第四卷[M].北京:外文出版社.2022:196-197.

能源的大量消耗和牺牲环境求得经济增长，实践已经证明，粗放式的经济增长方式难以为继。统计资料显示，2023年我国石油消费量7.5亿吨，其中进口5.6亿吨，占75%。10多年来，我国铁矿石进口量都在10亿吨以上，对外依赖度也超过75%，其中2023年高达11.79亿吨。2005年瑞士达沃斯论坛公布环境可持续指数评价，在全球144个国家排序中中国位居133位，全世界污染最严重的城市，中国有16座。

2.经济结构不合理。城乡结构、区域结构、产业结构之间及其内部比例失调，一条腿短，一条腿长，难以为继，特别是第二产业占比过大，一度达到48.6%，第三产业占比过小。

3.收入差距过大，社会问题凸显。统计资料显示，2007年城乡居民收入差距3.33倍；行业之间的收入差距达到15.93倍。

4.低效率。统计资料显示，2023年我国全员劳动生产率161615元/人，约合22935美元，与发达国家有较大差距。

只有大力发展新质生产力才是摆脱传统经济增长方式和生产力发展路径的唯一出路。

（三）新质生产力具有高科技、高效能、高质量特征

高科技是新质生产力的重要特征。马克思曾言：生产力中也包括科学。他指出：劳动生产力是随着科学和技术的不断进步而不断发展的。生产资料是生产力的基本要素之一，它是同一定的科学技术相结合的。高科技主要体现在生产资料上。劳动者是生产力各要素中最积极最能动的因素，高科技是劳动者发明创造的。当今时代，劳动者更需要掌握更多的科学技术知识。现代科学技术飞速发展并向现实生产力转化，优化了生产力中的劳动者、劳动工具、劳动对象的配置，相应也要求有更高的管理水平。从人类发展史可以看出，科学技术呈现加速发展趋势、不断迭代升级。所谓高科技是依靠科学发现和发明并经过产业化之后沉淀

的产业技术，"高"既体现技术特征，又具有时代性，是当代最前沿的科学技术，一段时间后，今天的高科技，就会变成常规科技。

高效能更多指新质生产力在发展过程中所具备的效率，既有先进科学技术的贡献，也有资源配置效率提高的贡献；既有人的作用，也有物的作用。

高质量是新质生产力发展的结果。质量是人们对产品或服务的使用要求和满足程度，它不是固定不变的，而是处于不断的动态改善中。随着科学技术的进步和管理水平的不断提高，产品和服务的质量呈现稳定性，产品性能不断提高。

（四）新质生产力是符合新发展理念的先进生产力质态

理念决定行动。党的十八届五中全会首次提出创新、协调、绿色、开放、共享五大发展理念，具有引领我国发展方向的重大作用。创新注重解决发展动力问题，协调注重解决发展不平衡的问题，绿色注重解决人与自然和谐问题，开放注重解决内外联动的问题，共享注重解决社会公平正义问题。先进生产力是由当代科学技术进步和资源配置效率提高所形成的利用自然、改造自然的能力。新质生产力是由新发展理念引领、先进生产力推动的相互关联的生产力要素状态。

（五）新质生产力由技术革命性突破、生产要素创新性配置、产业深度转型升级而催生

这是加快形成新质生产力的基本要素或条件。具体而言，技术进步可以分为改良性的技术进步和革命性的技术进步，当然二者没有严格的界限，量变引起质变，改良性技术进步的积累也可以形成革命性的技术进步，积跬步以至千里。颠覆性的技术虽然颠覆了现有的生产模式，呈现的是革命性的突破，但也是经过长期技术积累，经过了长期的量变。

革命性的技术突破，一方面包括沿着原有的技术路线实现重大技术突破；另一方面是跨界发生的技术变革。比如，运用杂交方法不断选育优质种子属于改良性的技术进步，与杂交种子相比，通过基因编辑或太空育种等方式选育优质种子则属于革命性的技术突破。创新既需要改良，也需要革命性的突破。

生产要素的创新性配置就是运用超常规的办法实现生产要素的优化组合。社会主义市场经济体制就是对原有的高度集中的计划经济体制的重大突破，彻底颠覆了传统计划经济体制的资源配置方式，市场机制配置资源与计划机制相比就是创新性的配置。在信息时代，运用互联网的力量从全球范围配置生产要素已经成为现实，这就属于创新性的配置。从微观角度来讲，运用大数据，准确计算不同要素的配置比例及时间要求，也是资源创新性的配置。无论是科技创新还是资源配置，最终都体现到产业链中，都要体现到企业中，最终体现为产业的深度转型升级，也就是用最先进的技术改造传统产业，发展新兴产业特别是战略性新兴产业，淘汰落后的技术和产能，形成引领市场和消费的新模式、新产业和新产品。

（六）新质生产力以劳动者、劳动资料、劳动对象及其优化组合的跃升为基本内涵

马克思提出了生产力的基本要素："劳动过程的简单要素是：有目的的活动或劳动本身，劳动对象和劳动资料。"[①] 虽然学术界对于生产力的构成要素有二要素论和三要素论等不同看法，但对于生产力构成的基本要素是认同的。不同的生产要素组合会产生不同的结果，不仅仅是个技术问题，更需要管理创新。习近平总书记指出，以劳动者、劳动资料、劳

---

① 马克思恩格斯文集第五卷［M］.北京：人民出版社.2009：28.

动对象及其优化组合的跃升为新质生产力的基本内涵。在生产力构成的三要素中，其优化组合的跃升表现在两个方面，一方面是每一种生产力构成要素的质的提升，包括劳动者素质的提高、劳动资料的科技含量提升、劳动对象的增多等。劳动对象增多是劳动者素质提高和先进生产资料作用的结果，原来不可利用的劳动对象变得可以利用。比如，在传统技术条件下，农作物秸秆大多还田利用，一度被农民大面积焚烧，形成严重大气污染。而今，生物秸秆成为不少商家争抢的香饽饽，被加工成各种环保板材，还可以提取多种生物质料。另一方面，形成新质生产力的各要素之间有一个合适的比例或者适配性，通过不断提升劳动者的素质，运用先进生产资料来改造劳动对象，最终提升生产效能。生产要素配置的比例是动态变化的而不是固定不变的，任何一种生产要素发生变化，都会引起连锁反应。在生产力构成三要素中，各要素在生产力形成中的作用不是等比例分配的，其中劳动者素质起着主导作用。因为，没有劳动者素质的提高，就不可能有科技进步，也不可能更好地使用生产资料改造劳动对象，更不可能开发、制造更高科技含量的生产资料。

（七）新质生产力的形成以全要素生产率大幅提升为核心标志，特点是创新，关键在质优，本质是先进生产力

所谓全要素生产率是指各生产要素投入之外的由技术进步和能力提高等导致的产出增加，也就是除去劳动、资本、土地等要素投入之后的"余值"，或者说是单个要素生产率无法衡量和计算的劳动生产率，主要由技术进步和资源配置效率提高产生。先进生产力就是当今时代最先进的科学技术应用所产生的生产力。由此，先进生产力是动态发展的，其内涵和外延处于不断变动中，在科学技术进步日新月异的今天，先进生产力不断迭代升级，今天先进的技术，明天可能就变得没有任何竞争优势。

总之，习近平总书记围绕新质生产力内涵、特征、形成、核心标志、关键和本质等予以科学详尽的阐释，是对马克思主义生产力理论的继承和发展。

二、新质生产力的特征

与传统生产力相比，新质生产力具有以下基本特征。

一是从承载主体来看，传统生产力是由运用传统技术的产业承载，新质生产力是由经过先进技术改造的传统产业或者运用先进技术的新兴产业承载。值得注意的是，按照产业产生的先后顺序，一般将产业分为第一次产业即广义的农业，第二次产业即广义的工业，第三次产业即广义的服务业，虽然也有人将信息产业称为第四次产业，但一般意义上仍将其归为第三次产业。有人简单地把农业、工业称为传统产业，把服务业称为新兴产业，这是不科学的。固然，服务业的产生要晚于工业和农业，但不能简单地将第一次产业和第二次产业称为传统产业，将第三次产业归为新兴产业，每一次产业中都有先进和落后之分。农业中有科技含量很高的现代农业，服务业中同样存在科技含量不高的服务行业。传统产业一般指技术相对成熟、形成了相对固定的技术标准和生产规模、发展速度相对缓慢、商业模式相对比较陈旧的产业；新兴产业则技术含量比较高、运用最新的技术手段，成长性好、发展速度比较快，善于利用新的商业模式。传统产业经过先进技术改造以后，产业分类没有变化，但实质成为新兴产业。

二是从成长性来看，在既定条件不变的前提下，传统生产力在旧赛道上成长性比较低，增长速度比较慢，总体上呈现速度递减趋势；新质生产力则在新赛道上成长性比较高，增长速度比较快，呈现加速发展趋势。

三是从结果来看，传统生产力劳动生产率相对较低，提供旧有的产品和服务；新质生产力劳动生产率比较高，提供的是新产品新服务，或产品和服务具有更好的新的性能，特别是全要素生产率大幅度提高。

四是从竞争环境来看，形成传统生产力的传统产业进入的技术门槛相对比较低，竞争激烈，利润率低，已经成为残酷厮杀的"红海"；形成新质生产力的新兴产业属于新赛道，进入的技术门槛高，竞争相对小，基本属于"蓝海"，特别是还有很多新的领域有待开发，利润率高，甚至可获得超额利润。

五是从生产力的构成要素来看，形成传统生产力的传统产业对劳动力素质要求不高，劳动对象较少，生产资料相对简单；而形成新质生产力的已经改造的传统产业、正在形成的新兴产业和尚待形成的未来产业对劳动力素质要求高，劳动对象比较多特别是原来不能利用的劳动对象可以被开发和利用，生产资料科技含量更高。

三、新质生产力提出的重大意义

新质生产力的提出，有重大理论和实践意义，既对国内实现高质量发展具有重大意义，也对世界经济的可持续发展具有重大意义。

第一，新质生产力是实现高质量发展的支撑，也是建设现代化强国的关键。党的二十大报告提出，到2035年我国发展的总体目标是：经济实力、科技实力、综合国力大幅跃升，人均国内生产总值迈上新的大台阶，达到中等发达国家水平；实现高水平科技自立自强，进入创新型国家前列；建成现代化经济体系，形成新发展格局，基本实现新型工业化、信息化、城镇化、农业现代化；基本实现国家治理体系和治理能力现代化，全过程人民民主制度更加健全，基本建成法治国家、法治政府、法治社会；建成教育强国、科技强国、人才强国、文化强国、体育强国、健康中国，国家文化软实力显著增强；人民生活更加幸福美好，居民人均可支配收入再上新台阶，中等收入群体比重明显提高，基本公共服务实现均等化，农村基本具备现代生活条件，社会保持长期稳定，人的全面发展、全体人民共同富裕取得更为明显的实质性进展；广泛形成绿色生产生活方式，碳排放达峰后稳中有降，生态环境根本好转，美丽中国目标基本实现；国家安全体系和能力全面加强，基本实现国防和军队现代化。2023年中央金融工作会议提出要实现金融强国，特别是要到21世纪中叶建成现代化强国，归根结底需要依靠科学技术进步形成的新质生产力。科技强国在现代化强国中极为重要，科技强国的背后是人才强国和教育强国。没有教育和人才支撑的科技强国，就不可能实现制造强国、质量强国、航天强国、交通强国、网络强国、金融强国、数字中国、健康中国等。没有科学技术进步，新兴工业化、信息化、城镇化、农业现代化等都会落空，贯穿"四化同步"的是科技进步及其所决定的战略性新兴产业和未来产业，也就是新质生产力。只有代表新质生产力的战略性新兴产业和未来产业充分发展，更多的战略性新兴产业成为支柱产业，更多的未来产业成为战略性新兴产业，才能强壮民族脊梁，才能成为现代化强国的强力支撑。

战略性新兴产业具有战略引领性，在带动一个国家或地区经济社会发展方面具有重大引领作用，指引着一个国家或地区产业的发展方向，形成头雁效应并辐射相关产业，形成具有强大引领力的战略产业集群。战略性新兴产业要站在科技进步前沿，对于经济社会发展具有重大引领和导向功能。战略性新兴产业不是静态的停滞的固定不变的，而是动态的发展变化的，"新兴"的内涵处于不断衍变和更新中。十九世纪和二十世纪钢铁、石油等都成为不少国家的战略性新兴产业，甚至成为综合国力的重要标志，二十一世纪，新能源、新材料、智能制造、电子信息等成为衡量一个国家综合国力的重要标志。可以预料，未来世界一定会在今天各种"新"产业的基础上产生出更新的能源、更新的材料、更先进的制造和更先进的电子信息以及因颠覆性技术而产生的难以预料的新产业。数字技术产生之后，数码相机以迅雷不及掩耳之势代替了传统机械相机，胶片已经走进历史博物馆。

第二，要在激烈的国际竞争中取胜必须重视和发展新质生产力。历史反复证明，哪个国家拥有先进技术特别是颠覆性的重大技术，哪个国家拥有处于世界领先地位的战略性新兴产业和未来产业，哪个国家就能居于世界领先地位，就能够领导世界。正如熊彼特所言，由创新所产生的竞争打击的不是现有企业的利润和边际产量，而是它们的基础和生命。战略性新兴产业在很大程度上决定着一个国家或地区的综合国力特别是核心竞争力，国与国之间的竞争一定意义上就是战略性新兴产业的竞争，就是未来产业发展速度和规模的竞争，也就是新质生产力的竞争。战略性新兴产业在激烈竞争中可以开辟出新赛道，是无可抗拒的产业核心竞争力，未来产业就是未来可以形成强大冲击力的拳头。未来产业虽然处于孕育孵化阶段，但它代表产业发展方向，具有巨大的潜力、高成长性和先导性，犹如一棵刚破土而出的小松树，可以预见未来一定可以成长为参天大树。

第一次产业革命发生在英国，蒸汽机、机械纺纱机等成为当时的颠覆性技术，英国一时称雄世界，号称日不落帝国。第二次和第三次产业革命发生在美国、德国、日本等国家，火车、电力、电话、家电等得到广泛应用，这些国家迅速超过老牌的英国等资本主义国家，美国崛起为世界上最强大的国家。当今世界面临百年未有之变局，也面临新一轮世界范围的科技革命，我国要建成社会主义现代化强国，要打破美国等少数国家对我国设置的各种障碍和封锁，要突破小院高墙，唯有依靠自主创新，加快推动科学和技术实现重大突破，先进科学技术是讨不来、买不来的，大力发展代表新质生产力的战略性新兴产业和未来产业，才能够开辟新赛道，实现新超越。

第三，要更好满足人民群众对美好生活需要必须发展代表新质生产力的战略性新兴产业和未来产业。习近平总书记在十八届中共中央政治局常委同中外记者见面时的讲话中指出："我们的人民热爱生活，期盼有更好的教育、更稳定的工作、更满意的收入、更可靠的社会保障、更高水平的医疗卫生服务、更舒适的居住条件、更优美的环境，期盼孩子们能成长得更好、工作得更好、生活得更好。"[1]只有不断发展生产力、特别是新质生产力才能更好满足人民群众对美好生活的需要。人的需要具有层次性，在低层次的需要满足之后，自然会追求更高层次多元化的需要，特别是对精神产品、生态产品、文化产品需要更为强烈。只有新兴产业和未来产业不断地转化为新质生产力，才能满足人民群众对美好生活的需要，才能实现产业升级，产品和服务升级，降低能耗和污染，保护生态环境。环境问题是发展中产生的问题，发展中的问题要通过发展的办法来解决，满足人民群众对美好生活的需要，根本出路在于大力发展新质生产力。无论是需求引领供给，还是供给创造需求，都在客观上要求新兴产业发展壮大。

第四，从世界意义而言，新质生产力理论的提出为世界经济可持续发展指明了方向，为绝大多数低收入国家、陷入中等收入陷阱甚或高收入陷阱的国家指明出路。生产力的发展是人类社会进步的根本动力。当前，世界经济总体低迷，特别是不少中等收入国家长期陷于停滞状态，也引发了一系列社会问题，根本原因在于高端产业没有发展起来，低端产业转移到其他国家。过去学术界和政府界更多关注的是中等收入陷阱问题，这是从一些拉美国家实践中总结出来的教训，亦是经验。其实，在任何一个收入阶段，都有陷阱。一些低收入国家或地区数百年来经济

---

[1] 习近平谈治国理政［M］.北京：外文出版社.2014：4.

一直处于极低的增长速度，多年零增长或负增长，这就是"低收入陷阱"。就最近十多年来的情况来看，世界银行数据库资料显示，尼日利亚人均GDP2010年时为2280美元，2022年为2184美元，十年来不增反而降低了96美元。一些中等收入国家如以拉美国家为代表，达到中等收入阶段之后，也长期陷入增长滞缓的"中等收入陷阱"。进一步观察发达国家经济增长历史，有的国家或地区也已经出现长期经济增长低缓，经济增长动力不足的问题，如日本2000年人均GDP为39169美元，2022年为33815美元，呈现大幅度降低趋势。2010年法国人均GDP为40676美元，2022年为40964美元，基本上属于零增长。2010年意大利人均GDP为36036美元，2022年为34158美元。2010年西班牙人均GDP为30532美元，2022年为29350美元，都有较大幅度的下降。问题和解决问题的办法一同产生，要解决这一问题，必须把科技进步放在一个国家或地区最为重要的战略地位，培育战略性新兴产业和未来产业并加快其向新质生产力的转化。

从生态文明建设的角度而言，世界经济必须加快实现绿色转型。正如习近平总书记所指出的，新质生产力本身就是绿色生产力。没有科学技术的进步和新质生产力的形成，在工业社会和后工业社会，都无法节能减排，不可能治理空气、水、土壤的严重污染，不可能实现可持续发展。正是由于科学技术的进步，每度电消耗的煤炭大大降低，目前中国已经实现高参数大容量超超临界燃煤机组自主研发和制造，煤电机组发电效率、资源利用效率、污染物排放控制水平、二氧化碳排放控制水平都达到世界先进水平。太阳能、风能、潮汐能、核能等清洁能源大量使用，极大地降低污染排放，换来今天更多的蓝天白云。科学技术越进步越为可持续发展提供技术支撑，人类生产方式和生活方式才能更科学。从一定意义上说，新质生产力是解决人类面临一切难题的总钥匙和根本途径，是人类迈向更高文明更加美好社会的制胜之道。

第二讲

新质生产力是对马克思主义生产力理论的继承和发展

不同的时代面临不同的课题,马克思主义不是一成不变的教条,不是封闭的而是开放的,是指导实践的方法论,随着实践的发展不断发展。新质生产力理论正是对马克思主义生产力理论的创新和发展。

党的十八大以来，习近平总书记从我国实际出发，以全球化的视野围绕生产力问题发表了一系列重要论述，是对马克思主义生产力理论的继承与发展。

一、马克思主义生产力理论的基本内容

马克思在继承和批判前人生产力理论的基础上，创新性地提出其独特而全面的生产力理论。有人认为，马克思只讲生产关系，不讲生产力，是完全错误的。马克思的生产力理论大体包括以下几个要点。

一是马克思不是孤立地研究生产力，而是从生产力和生产关系的辩证关系中研究生产力，目的是揭示人类社会的发展规律，证明资本主义的生产关系不适应生产力的发展，最终必然为社会主义生产关系所代替。马克思在《资本论》第一卷序言中开宗明义地指出："我要在本书研究的，是资本主义生产方式以及和它相适应的生产关系和交换关系。"① 这里的生产方式既包括在生产过程中所形成的人与自然的关系，也包括人与人之间的关系，前者称为生产力，后者称为生产关系。从研究对象可以看出，马克思并不是孤立地研究生产关系，而是结合生产力研究生产关系。从马克思研究政治经济学的内容来看，马克思研究的生产关系

---

① 马克思恩格斯文集第五卷[M].北京：人民出版社.2009：8.

都是一定生产力发展水平下的生产关系,他在《资本论》第一卷第十一、十二、十三章分别阐述协作、工场手工业、机器和大工业,实质是生产力发展的不同水平。从研究的逻辑来看,他首先肯定资本主义社会的生产力取得的巨大成绩,肯定资产阶级在历史上曾经起过非常革命的作用,特别指出:"资产阶级在它的不到一百年的阶级统治中所创造的生产力,比过去一切世代创造的全部生产力还要多,还要大。自然力的征服,机器的采用,化学在工业和农业中的应用,轮船的行驶,铁路的通行,电报的使用,整个整个大陆的开垦,河川的通航,仿佛用法术从地下呼唤出来的大量人口——过去哪一个世纪料想到在社会劳动里蕴藏有这样的生产力呢?"①正是由于生产力的发展,生产关系不适应生产力发展要求,"社会所拥有的生产力已经不能再促进资产阶级文明和资产阶级所有制关系的发展;相反,生产力已经强大到这种关系所不能适应的地步,它已经受到这种关系的阻碍;……资产阶级的关系已经太狭窄了,再容纳不了它本身所造成的财富了。"②"生产资料的集中和劳动的社会化,达到了同它们的资本主义外壳不能相容的地步。这个外壳就要炸毁了。资本主义的丧钟就要敲响了。剥夺者就要被剥夺了。"③"资产阶级的灭亡和无产阶级的胜利是同样不可避免的。"④根据生产力和生产关系的辩证关系,马克思同时指出两个"决不会":"我们判断一个人不能以他对自己的看法为根据,同样,我们判断这样一个变革时代也不能以它的意识为根据;相反,这个意识必须从物质生活的矛盾中,从社会生产力和生产关系之间的现存冲突中去解释。无论哪一个社会形态,在它所能容纳的全部生产力发挥出来以前,是决不会灭亡的;而新的更高的生产关系,在它的物

---

① 〔德〕马克思,恩格斯.共产党宣言[M].北京:人民出版社.2014:32.
② 〔德〕马克思,恩格斯.共产党宣言[M].北京:人民出版社.2014:33.
③ 马克思恩格斯文集第七卷[M].北京:人民出版社.2009:874.
④ 〔德〕马克思,恩格斯.共产党宣言[M].北京:人民出版社.2014:40.

质存在条件在旧社会的胎胞里成熟以前，是决不会出现的。"①由此，可以得出一个基本结论，即未来的社会主义社会和共产主义社会都是在生产力极大发达的基础上才能实现。

二是生产力是具体的而不是抽象的。这里的具体的生产力包含两层意思。首先是从具体劳动创造的生产力角度而言。"要生产上衣，就需要进行特定种类的生产活动。这种生产活动是由它的目的、操作方式、对象、手段和结果决定的。"②"生产力当然始终是有用的、具体的劳动的生产力，它事实上只决定有目的的生产活动在一定时间内的效率。"③其次是从与生产关系或与社会制度相联系的生产力的角度而言。如封建社会的生产力、资本主义社会的生产力和共产主义社会的生产力。

三是生产力始终是人类社会进步的根本动力。具体表现在以下三方面。第一，生产力是社会发展的最终决定力量。社会发展是由各种力量综合作用的结果，其中生产力起着决定性作用。"物质生活的生产方式制约着整个社会生活、政治生活和精神生活的过程。""社会的物质生产力发展到一定阶段，便同它们一直在其中运动的现存生产关系或财产关系（这只是生产关系的法律用语）发生矛盾。于是这些关系便由生产力的发展形式变成生产力的桎梏。那时社会革命的时代就到来了。随着经济基础的变更，全部庞大的上层建筑也或慢或快地发生了变革……"④

第二，生产力是社会发展的主要标准，即把是否促进生产力发展作为衡量社会发展进步的标准。

第三，人的需要是生产力发展的内在动力。马克思把人的需要按照从低到高的层次划分为生存需要、享受需要和发展需要，人们的生存

---

① 马克思恩格斯文集第二卷［M］.北京：人民出版社.2009：592.
② 马克思恩格斯文集第五卷［M］.北京：人民出版社.2009：55.
③ 马克思恩格斯文集第五卷［M］.北京：人民出版社.2009：59.
④ 马克思恩格斯文集第二卷［M］.北京：人民出版社.2009：597.

需要满足之后就追求更高层次的需要。对需要的追求和满足推动生产力发展。

四是任何一个时代的生产力都是既往积累的结果。马克思在致安年科夫的信中说:"人们不能自由选择自己的生产力——这是他们的全部历史的基础,因为任何生产力都是一种既得的力量,是以往的活动的产物。可见,生产力是人们应用能力的结果,但是这种能力本身决定于人们所处的条件,决定于先前已经获得的生产力,决定于他们以前已经存在、不是由他们创立而是由前一代人创立的社会形式。"①

五是生产力的要素构成。"劳动过程的简单要素是:有目的的活动或劳动本身,劳动对象和劳动资料。"②

六是决定劳动生产力的因素是多重的。"劳动生产力是由多种情况决定的,其中包括:工人的平均熟练程度,科学的发展水平和它在工艺上应用的程度,生产过程的社会结合,生产资料的规模和效能,以及自然条件。"③

七是科学是生产力。"大工业则把科学作为一种独立的生产能力与劳动分离开来,并迫使科学为资本服务。"④"劳动本身由于协作、分工以及劳动和自然科学的结合而组织成为社会的劳动。"⑤

列宁更多地使用劳动生产率这一概念。劳动生产率侧重于效率,生产力侧重于能力,提高劳动生产率可以促进生产力的发展。

首先,他认为社会主义战胜资本主义制度归根结底要靠提高劳动生产率。"劳动生产率,归根到底是使新社会制度取得胜利的最重要最主要

---

① 马克思恩格斯文集第十卷[M].北京:人民出版社.2009:43.
② 马克思恩格斯文集第五卷[M].北京:人民出版社.2009:208.
③ 马克思恩格斯文集第五卷[M].北京:人民出版社.2009:53.
④ 马克思恩格斯文集第五卷[M].北京:人民出版社.2009:418.
⑤ 马克思恩格斯文集第七卷[M].北京:人民出版社.2009:296.

的东西。资本主义创造了在农奴制度下所没有过的劳动生产率。资本主义可以被最终战胜,而且一定会被最终战胜,因为社会主义能够创造新的高得多的劳动生产率。"①

其次,社会主义革命胜利之后,要把提高劳动生产率放在首位。十月革命胜利不久,1918年4月列宁受党中央委托撰写的《苏维埃政权的当前任务》一文中深刻指出:"在任何社会主义革命中,当无产阶级夺取政权的任务解决以后,随着剥夺剥夺者及镇压他们反抗的任务大体上和基本上解决,必然要把创造高于资本主义的社会结构的根本任务提到首要地位,这个根本任务就是:提高劳动生产率,因此(并且为此)就要有更高形式的劳动组织。……提高劳动生产率,首先需要保证大工业的物质基础,即发展燃料、铁、机器制造业、化学工业的生产。……用最新技术来开采这些天然富源,就能造成生产力空前发展的基础。……提高劳动生产率的另一种条件就是:第一,提高居民群众的文化教育水平。……第二,提高劳动者的纪律、工作技能、效率、劳动强度,改善劳动组织,这也是发展经济的条件。"②"无产阶级取得国家政权以后,它的最主要最根本的需要就是增加产品数量,大大提高社会生产力。"③1919年2月他在《俄共(布)纲领草案》中提出俄国工人阶级专政的基本任务:"提高劳动生产率是根本任务之一,因为不这样就不可能最终过渡到共产主义。要达到这一目的,除了进行长期的工作来教育群众和提高他们的文化水平,还要立即广泛地和全面地利用资本主义遗留给我们的、在通常情况下必然浸透了资产阶级的世界观和习惯的科学技术专家。"④"必须使全体工会会员的利益同生产结合起来,使他们记住,只有

---

① 列宁选集第四卷[M].北京:人民出版社.2012:16.
② 列宁选集第三卷[M].北京:人民出版社.2012:490.
③ 列宁选集第四卷[M].北京:人民出版社.2012:623.
④ 列宁选集第三卷[M].北京:人民出版社.2012:727.

增加生产,提高劳动生产率,苏维埃俄国才能取得胜利。"①

再次,列宁在苏联建立之初,就明确提出提高劳动生产率的基本路径。"苏维埃共和国的首要任务是恢复生产力,发展农业、工业和运输业。"②"提高劳动生产率,使生产在事实上社会化。"③他在谈到苏联的经济计划时,直截了当地指出:"没有电气化计划,我们就不能转入真正的建设。"④要促进生产力发展,国家机关工作人员应该是"有科学修养的人,也就是在技术或农艺方面有修养的人,在技术或农艺方面有几十年实际工作的丰富经验。"⑤要提高劳动生产率需要专家指导:"没有各种学术、技术和实际工作领域的专家的指导,向社会主义过渡是不可能的,因为社会主义要求广大群众自觉地在资本主义已经达到的基础上向高于资本主义的劳动生产率迈进。"⑥

毛泽东十分强调生产力的发展。1945年毛泽东在党的七大作的《论联合政府》政治报告中深刻指出:"中国一切政党的政策及其实践在中国人民中所表现的作用的好坏、大小,归根到底,看它对于中国人民的生产力的发展是否有帮助及其帮助的大小,看它是束缚生产力的,还是解放生产力的。"⑦新中国成立之后,毛泽东提出过渡时期的总路线:"从中华人民共和国成立,到社会主义改造基本完成,这是一个过渡时期。党在这个过渡时期的总路线和总任务,是要在一个相当长的时期内,逐步实现国家的社会主义工业化,并逐步实现国家对农业、对手工业和对资

---

① 列宁选集第四卷[M].北京:人民出版社.2012:351.
② 列宁选集第四卷[M].北京:人民出版社.2012:526.
③ 列宁选集第三卷[M].北京:人民出版社.2012:476.
④ 列宁选集第四卷[M].北京:人民出版社.2012:363.
⑤ 列宁选集第四卷[M].北京:人民出版社.2012:751.
⑥ 列宁选集第三卷[M].北京:人民出版社.2012:482.
⑦ 毛泽东选集第三卷[M].北京:人民出版社.1991:1079.

本主义工商业的社会主义改造。"①他在最高国务会议第六次会议上明确指出："社会主义革命的目的是为了解放生产力。"②在党的八大提出我国国内主要矛盾，是人民对于建立先进的工业国的要求同落后的农业国的现实之间的矛盾；人民对于经济文化迅速发展的需要同当前经济文化不能满足人民需要的状况之间的矛盾。但由于"左"的思想影响，一系列正确思想没有能够得到有效贯彻。

邓小平十分重视发展社会主义社会生产力。第一，他提出社会主义的根本任务是发展生产力。"社会主义阶段的最根本任务就是发展生产力，社会主义的优越性归根到底要体现在它的生产力比资本主义发展得更快一些、更高一些，并且在发展生产力的基础上不断改善人民的物质文化生活。"③在此基础上，邓小平在1992年年初的南方谈话中进一步提出："社会主义的本质是解放生产力，发展生产力，消灭剥削，消除两极分化，最终达到共同富裕。"④判断改革开放成效的标准："主要看是否有利于发展社会主义社会的生产力，是否有利于增强社会主义国家的综合国力，是否有利于提高人民的生活水平。"⑤"发展才是硬道理。"⑥

第二，他提出要发展生产力就需要扫除生产力发展的障碍，不断地改革开放。"我们所有的改革都是为了一个目的，就是扫除发展社会生产力的障碍。"⑦"要发展生产力，就要实行改革和开放的政策。不改革不行，不开放不行。"⑧

---

① 毛泽东文集第六卷［M］.北京：人民出版社.1999：316.
② 毛泽东文集第七卷［M］.北京：人民出版社.1999：1.
③ 邓小平文选第三卷［M］.北京：人民出版社.1993：63.
④ 邓小平文选第三卷［M］.北京：人民出版社.1993：373.
⑤ 邓小平文选第三卷［M］.北京：人民出版社.1993：372.
⑥ 邓小平文选第三卷［M］.北京：人民出版社.1993：377.
⑦ 邓小平文选第三卷［M］.北京：人民出版社.1993：134.
⑧ 邓小平文选第三卷［M］.北京：人民出版社.1993：265.

第三，他提出改革的原则是符合最大多数人的根本利益，调动人民群众的积极性。"凡是符合最大多数人的根本利益，受到广大人民拥护的事情，不论前进的道路上还有多少困难，一定会得到成功。"①人是生产力要素中最积极的因素，因此要"把人民群众和基层组织的积极性调动起来。"②"许多经营形式，都属于发展社会生产力的手段、方法，既可为资本主义所用，也可为社会主义所用，谁用得好，就为谁服务。"③

第四，他提出科学技术是第一生产力。"马克思讲过科学技术是生产力，这是非常正确的，现在看来这样说可能不够，恐怕是第一生产力。"④

江泽民同志十分重视发展生产力。他在1991年7月1日庆祝中国共产党成立七十周年大会上的讲话中指出："中国的基本国情，决定了我国处在社会主义的初级阶段。社会主义的根本任务是发展社会生产力，在初级阶段，我们更要自觉地坚定不移地把这个任务放在中心位置。……集中力量发展生产力，把国民经济搞上去，实现社会主义现代化，为社会主义制度的巩固和发展打下更加坚实的物质技术基础，不但是我国长期的根本任务，而且在我国现阶段具有重要的紧迫的意义。"⑤1995年5月26日在全国科学技术大会上的讲话中他指出："我国社会主义建设在经济、科技、文化十分落后的基础上起步，要在较短时间内达到经济发达国家经过几百年历程达到的生产力发展水平，后来居上，更须集中力量，大力发展和广泛应用科学技术，充分发挥科技生产力在经济社会发展中的巨大推动作用。这是我们建成社会主义现代化强国、屹立于世界先进民

---

① 邓小平文选第三卷[M].北京：人民出版社.1993：142.
② 邓小平文选第三卷[M].北京：人民出版社.1993：160.
③ 邓小平文选第三卷[M].北京：人民出版社.1993：192.
④ 邓小平文选第三卷[M].北京：人民出版社.1993：275.
⑤ 江泽民文选第一卷[M].北京：人民出版社.2006：152.

族之林的历史性使命。"①

胡锦涛同志反复强调要十分重视发展社会主义生产力。他在纪念党的十一届三中全会召开30周年大会上的讲话中指出:"发展中国特色社会主义,最根本的就是一切都要从社会主义初级阶段这个最大的实际出发。在社会主义初级阶段这个不发达阶段,社会主要矛盾是人民日益增长的物质文化需要同落后的社会生产之间的矛盾。这就决定了社会主义的根本任务是解放和发展生产力,不断改善人民生活。中国解决所有问题的关键在于依靠自己的发展。"②他在庆祝中国共产党成立九十周年大会上的讲话中指出:"生产力是人类社会发展的根本动力。我们党是以中国先进生产力的代表登上历史舞台的。党的一切奋斗,归根到底都是为了解放和发展社会生产力,不断改善人民生活。……发展仍然是解决我国所有问题的关键。……我们必须继续聚精会神搞建设、一心一意谋发展,不断夯实坚持和发展中国特色社会主义的物质基础。"③

二、习近平总书记关于新质生产力的重要论述是对马克思主义生产力理论的坚持和继承

马克思主义是科学,自诞生以来,就彰显了强大的生命力,被各国的社会主义革命和社会主义实践所证实。即使在资本主义国家,马克思也多次被评为千年思想家,足见其思想的伟力和魅力。马克思主义中国化的过程就是结合中国实际,指导中国实践取得巨大成就的过程,过去

---

① 江泽民文选第一卷[M].北京:人民出版社.2006:426–427.
② 胡锦涛文选第三卷[M].北京:人民出版社.2016:159.
③ 胡锦涛文选第三卷[M].北京:人民出版社.2016:536.

要坚持和继承，今天也要坚持和继承，明天仍然必须坚持和继承。在坚持和继承的基础上创新和发展，在创新和发展中坚持和继承。党的十八大以来，习近平总书记结合新时代中国国情和世情，围绕生产力特别是新质生产力发表了一系列重要讲话，充分体现对马克思主义生产力理论的坚持和继承，具体主要体现在以下几个方面。

一是坚持和继承马克思主义的基本立场，发展生产力的根本目的是改善人民生活。恩格斯在《资本论》英文版序言中曾言："《资本论》在大陆上常常被称为'工人阶级的圣经'。"[①]其实，当时大多数欧洲工人阶级未必读得懂《资本论》。正如马克思于1867年11月30日致库格曼的信中所言："请告诉您的夫人，她可以先读我的书的以下部分：《工作日》、《协作、分工和机器》，再就是《原始积累》。不明白的术语，您务必向她解释。如果还有疑问，我可以为你们效劳。"[②]之所以欧洲工人阶级把《资本论》当作圣经，是因为他们深知马克思是站在工人阶级的立场上维护工人阶级的根本利益的，是为了全人类的解放事业的。毛泽东的一句"全心全意为人民服务"高度概括了共产党的宗旨。2012年11月15日习近平总书记在十八届中共中央政治局常委同中外记者见面时的讲话向全世界昭示："人民对美好生活的向往，就是我们的奋斗目标。"[③]充分彰显了习近平总书记的人民情怀，坚定的马克思主义基本立场。实现人民对美好生活的向往，需要不断推动高质量发展。高质量发展是全面建设社会主义现代化国家的首要任务。高质量发展需要新的生产力理论来指导，而新质生产力已经在实践中形成并展示出对高质量发展的强劲推动力、支撑力。

---

① 马克思恩格斯文集第五卷［M］.北京：人民出版社.2009：34.
② 马克思恩格斯文集第十卷［M］.北京：人民出版社.2009：274.
③ 习近平谈治国理政［M］.北京：外文出版社.2014：4.

二是坚持和继承马克思主义辩证唯物主义和历史唯物主义的方法论。马克思主义的辩证唯物主义认为，世界是物质的。恩格斯在《反杜林论》中指出："世界的真正统一性在于它的物质性，而这种物质性不是由魔术师的三两句话所证明的，而是由哲学和自然科学的长期的和持续的发展所证明的。"①物质第一性，意识第二性，物质决定意识而不是意识决定物质。物质是运动的。"物、物质无非是各种物的综合，而这个概念就是从这一总和中抽象出来的，运动本身无非是一切感官可感知的运动形式的总和；'物质'和'运动'这样的词无非是简称，我们就用这种简称把感官可感知的许多不同的事物依照其共同的属性概括起来。"②"运动，就它被理解为物质的存在方式、物质的固有属性这一最一般的意义来说，涵盖宇宙中发生的一切变化和过程，从单纯的位置变动直到思维。"③运动是有规律的。"辩证法被看做关于一切运动的最普遍的规律的科学。这就是说，辩证法的规律无论对自然界中和人类历史中的运动，或者对思维的运动，都必定是同样适用的。"④规律是客观的不以人的意志为转移的，但可以被认识和利用。物质的运动遵从质量变规律、否定之否定规律和矛盾统一规律。马克思对辩证法予以科学的定义："辩证法，在其合理形态上，引起资产阶级及其空论主义的代言人的恼怒和恐怖，因为辩证法在对现存事物的肯定的理解中同时包含对现存事物的否定的理解，即对现存事物的必然灭亡的理解，辩证法对每一种既成的形式都是从不断的运动中，因而也是从它的暂时性方面去理解；辩证法不崇拜任何东西，按其本质来说，它是批判的和革命的。"⑤马克思的伟大之处在于他运用辩证

---

① 马克思恩格斯文集第九卷［M］.北京：人民出版社.2009：47.
② 马克思恩格斯文集第九卷［M］.北京：人民出版社.2009：500.
③ 马克思恩格斯文集第九卷［M］.北京：人民出版社.2009：513.
④ 马克思恩格斯文集第九卷［M］.北京：人民出版社.2009：539.
⑤ 马克思恩格斯文集第五卷［M］.北京：人民出版社.2009：22.

唯物主义的方法论，在资本主义社会的生产关系还处于上升时期时，就看到了这种生产关系必然灭亡的历史规律。

马克思的历史唯物主义认为，生产力决定生产关系，有什么样的生产力，客观上要求有与之相适应的生产关系。"社会的物质生产力发展到一定阶段，便同它们一直在其中运动的现存生产关系或财产关系（这只是生产关系的法律用语）发生矛盾。于是这些关系便由生产力的发展形式变成生产力的桎梏。那时社会革命的时代就到来了。随着经济基础的变更，全部庞大的上层建筑也或慢或快地发生了变革。"① 由此，生产力总是要向前发展的，这决定了生产关系也要不断变革以不断适应生产力发展要求。习近平总书记坚持辩证唯物主义和历史唯物主义的方法论，深刻指出："改革开放只有进行时没有完成时。"②"实践发展永无止境，解放思想永无止境，改革开放也永无止境。"③他在2024年1月31日中共中央政治局第十一次集体学习时的重要讲话中强调，生产关系必须与生产力发展要求相适应。发展新质生产力，必须进一步全面深化改革，形成与之相适应的新型生产关系。这充分体现他对马克思主义历史唯物主义方法的坚持与继承。

三是坚持和继承马克思主义生产力理论的一系列基本观点。党的十八大以来，习近平总书记坚持和继承马克思主义关于社会主义社会要不断解放和发展社会生产力的理论，坚持以经济建设为中心不动摇："发展依然是当代中国的第一要务，中国执政者的首要使命就是集中力量提高人民生活水平，逐步实现共同富裕。"④党的二十大报告中提出："高质量发展是全面建设社会主义现代化国家的首要任务。发展是党执政兴国

---

① 马克思恩格斯文集第二卷［M］.北京：人民出版社.2009：597.
② 习近平谈治国理政［M］.北京：外文出版社.2014：69.
③ 习近平谈治国理政［M］.北京：外文出版社.2014：71.
④ 习近平谈治国理政第二卷［M］.北京：外文出版社.2017：30.

的第一要务。"①在2023年中央经济工作会议上，他提出高质量发展是新时代的硬道理。在2024年1月31日中共中央政治局第十一次集体学习时习近平总书记指出，新质生产力已经在实践中形成并展示出对高质量发展的强劲推动力、支撑力。

三、习近平总书记关于新质生产力理论的重要论述是对马克思主义生产力理论的创新和发展

不同的时代面临不同的课题，马克思主义不是一成不变的教条，不是封闭的而是开放的，是指导实践的方法论，随着实践的发展不断发展。党的十八大之后，我国已经进入中国特色社会主义新时代，习近平总书记结合新的时代特点，着力于回答中国之问、世界之问、人民之问和时代之问，以当下的事为中心，敢于直面矛盾，不断创新和发展马克思主义生产力理论，特别是他关于新质生产力的重要论述是对马克思主义生产力理论的创新和发展。具体表现在以下几个方面。

一是加强党对经济工作的全面领导，丰富发展了马克思主义政治经济学关于经济与政治关系的理论。在社会主义制度下，如何处理好政治和经济的关系，从马克思、恩格斯的经典著作中不可能找到现成的答案，因为马克思、恩格斯没有生活在现实的社会主义社会，不可能预料到未来的社会主义社会经济与政治的关系。新中国成立后我们党不断地探索社会主义社会政治与经济的关系。党的十八大以来，习近平总书记对建设一个什么样的党，怎样建设党；实现什么样的现代化，怎样建设中国式现代化；实现什么样的发展，怎样发展等一系列重大问题进行深入思考，鲜明地指出，中国特色社会主义，最本质的特征是中国共产党领导。

---

① 习近平著作选读第一卷[M].北京：人民出版社.2023：23.

党政军民学、东西南北中，党是领导一切的。要加强党对社会主义现代化建设的全面领导。促进生产力发展是实现社会主义现代化的必由之路。2023年中央经济工作会议指出：必须把推进中国式现代化作为最大的政治，在党的统一领导下，团结最广大人民，聚焦经济建设这一中心工作和高质量发展这一首要任务，把中国式现代化宏伟蓝图一步步变成美好现实。会议强调要以科技创新推动产业创新，特别是以颠覆性技术和前沿技术催生新产业、新模式、新动能，发展新质生产力。

二是创新和发展了马克思主义科学在生产力中作用的理论。[①]党的十八大以来，习近平总书记高度重视生产力的发展，根据生产力发展的实际，提出数据是新的生产要素，是基础性资源和战略性资源，也是重要生产力。党的十九届四中全会通过的《中共中央关于坚持和完善中国特色社会主义制度　推进国家治理体系和治理能力现代化若干重大问题的决定》提出："健全劳动、资本、土地、知识、技术、管理、数据等生产要素由市场评价贡献、按贡献决定报酬的机制。"习近平总书记在2024年1月31日中共中央政治局第十一次集体学习时的讲话中充分肯定了科学技术在新质生产力形成中的作用，指出科技创新能够催生新产业、新模式、新动能，是发展新质生产力的核心要素。必须加强科技创新特别是原创性、颠覆性科技创新，加快实现高水平科技自立自强，打好关键核心技术攻坚战，使原创性、颠覆性科技创新成果竞相涌现，培育发展新质生产力的新动能。围绕发展新质生产力，习近平总书记强调，要深化经济体制、科技体制等改革，着力打通束缚新质生产力发展的堵点卡点，建立高标准市场体系，创新生产要素配置方式，让各类先进优质生产要素向发展新质生产力顺畅流动。同时，要扩大高水平对外开放，为发展新质生产力营造良好国际环境。习近平总书记在中国科学院第十九

---

① 邓小平文选第三卷［M］.北京：人民出版社.1993：275.

次院士大会、中国工程院第十四次院士大会上的讲话中深刻指出："中国要强盛、要复兴，就一定要大力发展科学技术，努力成为世界主要科学中心和创新高地。我们比历史上任何时期都更接近中华民族伟大复兴的目标，我们比历史上任何时候都需要建设世界科技强国！"①

三是创新和发展了马克思主义关于促进生产力发展的动力理论，创造性地提出新质生产力理论。马克思着重从协作、分工、工场手工业、机器大工业等以及构成生产力的要素角度提出生产力问题，这是对当时生产力发展的科学总结。习近平总书记在新时代推动东北全面振兴座谈会上极具前瞻性地提出，要积极培育新能源、新材料、先进制造、电子信息等战略性新兴产业，积极培育未来产业，加快形成新质生产力，增强发展新动能。更多从战略性新兴产业和未来产业发展的角度提出了发展新质生产力的新动能。习近平总书记的讲话深刻科学地标识了形成新质生产力的根本动力，这是建设社会主义现代化强国的根本，也是在未来全球经济竞争的核心要素。

四是创新和发展了马克思主义关于人与自然和谐发展的理论。恩格斯在《自然辩证法》中深刻指出："但是我们不要过分陶醉于我们人类对自然界的胜利。对于每一次这样的胜利，自然界都对我们进行报复。每一次胜利，起初确实取得了我们预期的结果，但是往后和再往后却发生完全不同的、出乎预料的影响，常常把最初的结果又消除了。"②当时对自然界的破坏主要集中在过度放牧和开采。工业革命之后，环境遭到化学和诸多不可降解物质的破坏，我国的生态环境一度也极为恶化，习近平总书记创造性地提出："要正确处理好经济发展同生态环境保护的关系，牢固树立保护生态环境就是保护生产力、改善生态环境就是发展生产力

---

① 习近平谈治国理政第三卷［M］.北京：外文出版社.2020：246.
② 马克思恩格斯文集第九卷［M］.北京：人民出版社.2009：559-560.

的理念，更加自觉地推动绿色发展、循环发展、低碳发展，决不以牺牲环境为代价去换取一时的经济增长。"①他深刻指出绿色发展是高质量发展的底色，新质生产力本身就是绿色生产力。必须加快发展方式转型，助力碳达峰碳中和。牢固树立和践行绿水青山就是金山银山的理念，坚定不移走生态优先、绿色发展之路。十多年来，我国以最严格的制度和最严密的法治保护生态环境，取得了实质性的效果，用较短的时间走过了西方国家经历几百年的路。

---

① 习近平谈治国理政［M］.北京：外文出版社.2014：209.

第三讲

新质生产力的形成机制

新质生产力是由技术革命性突破、生产要素创新性配置、产业深度转型升级而催生。

习近平总书记在2024年1月31日中共中央政治局第十一次集体学习的讲话中科学地阐述了新质生产力的形成机制：新质生产力是由技术革命性突破、生产要素创新性配置、产业深度转型升级而催生。本讲主要就新质生产力的形成机制谈粗浅的学习体会。

一、技术进步形成机制：技术革命性突破

新质生产力的形成，从技术路径看，主要来自新兴产业或改造传统产业。新兴产业是动态发展而不是停滞不变的，"芳林新叶催陈叶，流水前波让后波"，世界产业发展的历史就是新兴产业逐渐代替传统产业的过程，但不同时代又呈现不同特点。一个时代有一个时代的新兴产业，与以往的新兴产业相比，当今时代，一方面，传统产业更多更快地运用新技术，老树嫁接出新芽；另一方面，新的产业越来越多、越来越快地产生，新兴产业覆盖领域更广，新兴技术孕育出许多新的树苗。第一次产业革命时，新兴产业覆盖领域主要是纺织业。第二次产业革命时，新兴产业更多表现为电力工业、化学工业、石油工业和汽车工业等。第三次产业革命发生后新兴产业主要集中在航天、原子能、电子计算机、分子生物学和遗传工程等所涉及产业，后工业化时代，新兴产业则涉及节能环保、信息、生物、高端装备制造、新能源、新材料、智能制造等，覆盖领域越来越广，数字技术广泛运用于各个产业，带动传统产业升级改

造。新兴产业的技术有一个不断研发成熟的过程，新兴产业也有一个产生、发展和壮大的成长的过程，有一个从一般新兴产业到在国民经济中具有重要地位的战略性新兴产业的过程。

无论是培育新兴产业还是改造传统产业都需要新的先进技术。先进技术是一个时期在世界范围内具有领先地位的技术，对经济社会发展起着领先作用的技术，具有时代性和相对性。从科学进步的历史来看，当今时代技术进步呈现加速发展趋势，技术迭代越来越快。先进技术来自科学发现和技术发明。无论是科学发现还是技术发明，都离不开人才。人才的培养依赖各级各类学校、科研院所和企业，要培养高素质的人才特别是科学技术人才，需要先进的实验设备，需要大量资金，需要有利于人才培养和脱颖而出的体制机制，需要保护知识产权等。由此，需要深化经济体制改革，正确处理政府和市场关系；加大科研投入和形成有利于创新的文化；加大教育投入和实施高校提质工程。

第一，深化经济体制改革，正确处理政府和市场关系。要做大做强战略性新兴产业，加快促进未来产业形成新质生产力既需要有效市场也需要有为政府。有效市场体现在市场配置生产要素，市场定价，充分实现效率和效益。有为政府就是要在弥补市场缺陷上有所作为。具体而言，如制定产业发展规划、科技进步规划；组织重大项目科技攻关，建设世界一流水平的国家实验室；引导和培育虚拟和现实的科技成果转化的交易市场；着力保护知识产权；在全社会形成崇尚创新、有利于创新和宽容失败的机制和良好氛围等。从成功经验来看，各个国家在不同时期根据不同情况制定促进科技进步及其转化的政策，单靠市场难以成功，要让市场在资源配置中发挥决定性作用，但又不能迷恋市场，特别是对追赶型国家而言。要依靠我国集中力量办大事的独特制度优势，攻克难关，但也不能事事仰仗政府，政府的作用在于弥补市场失灵。

第二，加大科研投入和形成有利于创新的文化。科学成果需要平台建设，需要人力投入，都有赖于巨量的科研经费投入。改革开放以来，我国科研经费投入呈现快速增长态势。要进一步调动政府、企业、社会等多方面的积极性。要培育崇尚科学、尊重创新的科研文化，宽容失败。创新文化的培育就是在全社会形成让从事科学技术研究，有志于创新的人有社会地位，有经济收入，让他们成为率先富裕起来的一部分人。否则，创新文化的培育就会流于形式和口号。失败是成功之母，没有百次、千次、万次的失败就没有一次的成功。正如习近平总书记所指出的，要营造鼓励创新、宽容失败的良好氛围。宽容失败的良好氛围需要有机制来保障，不能因为失败就否定探索的贡献，特别是一些重大发现和发明，往往需要很长周期，需要有战略耐心。既要鼓励有组织的科研，针对技术上的"卡脖子"难题集中攻关，也要鼓励自由探索式的研究，前者解决的是眼前的技术问题，后者解决的是未来的科学发现问题。既要重视基础研究，着力培养基础学科人才，着眼于重大发现，又要立足当下，围绕重大现实问题，对"卡脖子"技术集体攻关。

第三，加大教育投入和实施高校提质工程。百年大计，教育为本。我国拥有世界上最大的教育体系，有最大规模的在校和继续教育学生。教育是人力资本投资，相比于物质资本投入，人力资本投入回报率最高。从世界范围来看，经济强国都是教育强国，没有一个发达国家的教育是落后的，同时，也没有一个落后国家是教育强国。

学前教育和基础教育需要在提高教师素质上下功夫，努力实现教育均衡化。我国的高等教育经过100多年的发展，取得了巨大成就，但还存在一些短板和弱项，要适应建设现代化强国的要求，实施高等教育提质工程。一是学生宿舍提质工程，改善学生的生活条件，尽量给学生提供独立学习和思考的空间。二是图书馆提质工程，改善学生的学习条件。图书馆是衡量一所大学的标尺。当前，我国绝大多数大学每个校区拥有一座综合性图书馆，远远满足不了学生的需求，需要建设更多的专业图书馆。不仅场馆要提质，图书也要提质，要存放更多的经典书目。三是实验室提质工程。没有一流的实验室，就不可能有一流的成果，更不可能培养出一流的人才。

培养科技人才需要平台，一流的实验平台未必培养出来一流的人才、产生一流的科研成果，但没有一流的实验平台就培养不出来一流的人才并产生一流的科研成果。在科技高度发达的今天已经不同于传统农耕时代父传子的经验模仿，也不同于工业化时代作坊式实验，一流的科研成果有赖于一流的实验室。因此，需要围绕重大战略需求和面向未来，建设国家重点实验室，目的是进行前沿、原创和应用基础研究，提高国家核心竞争力；围绕区域战略需求和现实重大问题建设区域性重点实验室；围绕教学和科技前沿建设高校科研院所和企业重点实验室。要打破实验室的垄断和独占，打通企业与科研院所之间的有形和无形壁垒，着力于把各级各类实验室打造成为公共产品，充分发挥各类实验室的作用。

战略性新兴产业的培育壮大和未来产业的发展都需要巨量资金，要充分发挥政府财政投入的引导作用，更多地发挥市场在资源配置中的决定性作用。既需要构建激发人才积极性创造性的机制，鼓励多出成果，出好成果，也需要有科技成果转化为现实生产力的生态和机制。科技成果还不是现实生产力，需要构建转化机制，除了少数涉及国家秘密外，绝大多数的科技成果转化需要依靠市场机制，要加快构建和完善实体的和虚拟的科技成果交易市场，市场是科技成果最好的试金石。对于孵化期的新技术需要完善和鼓励天使基金等风险投资，促进其形成未来产业。要善于利用互联网的力量，着力构建集产学研用金于一体的问题发布机制、赛马破解机制、金融支持机制。目的是要按照习近平总书记所指出的，及时将科技创新成果应用到具体产业和产业链上，改造升级传统产业，培育壮大新兴产业，布局建设未来产业，完善现代化产业体系。

新质生产力的形成除了技术因素外，更为重要的是制度因素。生产力总是要向前进步的，纵向看，生产力并不是匀速地发展，有时发展快，有时发展慢；横向看，生产力在各个国家也不是以相同的速度进步，有的国家发展快有的国家发展慢。我国在历史上曾经创造过科学技术的辉煌，但18世纪之后落后了。改革开放之后我国生产力发展和科学技术进步进入了加速发展时期，逐渐缩小了与发达国家的差距，由过去的落伍、跟跑，转变为越来越多的领域并跑和领跑。新质生产力形成的最为关键的因素是制度，客观上要求不断地改革不利于生产力发展的生产关系。

二、生产要素创新型配置机制

新质生产力的形成是各种生产要素综合作用的结果，既需要技术进步特别是革命性的颠覆式的技术进步，也需要其他生产要素的创新性配置；既包括企业内部的生产要素配置，也包括上下游企业之间的生产要素配置；既包括生产领域又涉及流通领域，还包括全社会的生产要素配置。不仅需要科技要素，还需要起主导作用的科技创新。

资源创新性配置的标志是各生产要素之间保持动态的协调的比例，单个生产要素生产效率和全要素生产效率大大提高。

从科技发展史来看，如前文所述，一方面，生产要素的数量不断增多；另一方面，生产要素的质量不断提高。在生产要素函数中，任何一个生产要素的变动都会引起一系列的连锁反应，特别是在当今时代，生产要素配置会产生无穷多的新组合。

从企业内部资源配置来看，资源配置的"计划"性质没有改变，但已经由单纯的人工计划转变为智能计划。过去生产要素的配置主要依靠经验积累，需要人工配置或调拨，哪个环节需要多少原材料、多少资金、多少人力等。而在信息时代，智慧工厂、智慧车间完全依靠人工智能，完全可以实现时间上的继起性和空间上的并存性，各个环节实现无缝对接。过去依靠人工计划的企业内部资源配置不可能十分精确，属于"大致"或"差不多"，现在各种生产要素的配置愈益接近帕累托最优。过去劳动生产率比较低，依靠人海战术，现在劳动生产率大大提高，出现越来越多的无人工厂和无人车间。过去劳动力的体力劳动强度高，危险系数高，现在体力劳动的劳动强度、危险系数大大降低，特别是一些高危行业和工种，更多依靠机器人。过去市场需求基本无法预测，交替出现断货与积压，而现在，依靠大数据产销的及时匹配得以实现，仓库的功能越来越弱，尤其是随着电商的普及，实体商店的功能越来越弱，实体店逐渐变成体验店。传统的生产—批发—零售—消费的流通模式被打破，从生产环节直接进入消费环节。过去产品若存在质量问题或消费者不满意，投诉或退货基本不可能，不少商家推行一旦售出概不退货的模式，而在电商平台则是无条件退货。过去采购人员、销售人员满天飞，现在通过互联网平台，手指轻轻点击即可实现即时采购和销售。过去有很多的采购和销售的暗箱操作，现在则完全公开化、透明化。过去物流都属于企业内部的一个部门，需要有自己的车辆和人员，往往单程送货或取货，现在则完全社会化、智慧化。从空间来看，过去的工厂、车间是封闭的，经营管理人员只熟悉本企业的情况，而现在工厂和车间则是开放的，可以通过互联网了解全世界同类产品实时生产情况。在智慧化时代，企业内部的分工越来越细化。

从产业链来看，过去企业与企业之间没有联系，犹如封闭的孤岛，现在每一家企业都成为互联网上的一个分子，在全球配置资源，每一家企业都成为产业链上的一个车间。

从区域生产要素配置来看，过去在自由竞争机制作用下，更多的生产要素配置城镇特别是大城市，出现地区分化现象，发达地区对欠发达地区的支援多少带有恩赐意味。而今通过政府引导＋市场机制，发达地区与欠发达地区的合作更多带有互利互惠性质，不仅有利于促进欠发达地区发展，也有利于发达地区拓展市场空间并实现区域功能的互补。

三、产业深度转型升级机制

产业转型和升级既有区别又相互联系。产业转型是指一个国家或地区产业结构、产业规模、产业组织、产业技术装备等发生的变动状态。产业升级主要是指优化生产要素配置和提高产业技术水平，促进产业结构高度化。产业不断转型导致的结果就是产业升级。产业转型和升级的根本动力来自市场机制和科学技术进步。

产业发展的过程就是不断转型升级的过程。具体表现为：一是不断衍生新的产业，从第一次产业即广义的农业到第二次产业即广义的工业，再到第三次产业即广义的服务业，而且从第一次产业、第二次产业、第三次产业在国民经济中的比例来看，由一二三衍变为二三一，再到三二一结构，就是产业转型升级的直接表现。二是每个产业的技术不断进步促进产业效率不断提高。除了每个产业特有的技术进步外，如农业的制种技术实现了基因编辑、太空育种等，特别是在互联网条件下，每一个产业都可以实现互联网+，互联网为每一个产业都插上了腾飞的翅膀。三是近年出现了产业之间融合的趋势，如农业与旅游融合、工业与旅游融合、农业与工业融合等。

产业转型升级，一是表现为传统产业经过技术改造之后成为现代的传统产业，只有落后的技术，没有落后的产业。在中国延续了两千多年的犁耕法，先是被普通的小型机械如拖拉机、脱粒机替代，再就是被大型机械如联合收割机替代，而今已经被智慧播种、智慧除草、智慧收割、智慧灌溉所代替。工业和服务业也不断数字化、智慧化。二是表现为产生越来越多的新兴产业特别是战略性新兴产业，这是由新技术特别是颠覆性技术长出的新树，对国民经济具有重大的带动作用。三是表现为未来产业初见端倪，虽然还没有形成完备的产业，但具有极高的成长性，一旦培育成功，将引领未来。

产业转型升级的动力，一是来自企业对利润特别是超额利润追求的内在动力，只有不断转型升级才有可能获得超额利润，一方面是因为劳动生产率大大提高，另一方面是因为转型升级必然会有新产品、创造新需求，占领和创造新市场。二是来自竞争的外部压力。过去企业之间竞争的结果是大企业逐渐蚕食小企业，进程缓慢，而在颠覆性技术不断涌现的今天，在极短的时间内可实现新产品对旧产品的替代。如一度火爆的柯达胶卷、乐凯胶片、机械相机等迅速被数码相机替代。供给可以创造需求，不断引领市场，没有小汽车就不会有人买小汽车，没有飞机就不会有人乘坐飞机。三是来自政府的产业政策，不断鼓励创新，淘汰落后的技术和设备。

第四讲

发展新质生产力的机遇和挑战

新质生产力能够带来的是极大的效率变革和动力变革，其所产生的效率变革不是单个生产要素的效率提高，而是全要素生产率的提高。我国发展新质生产力既面临机遇，也需要应对未来产业发展的新挑战。

我国发展新质生产力既是应对激烈全球竞争的外在压力的紧迫需要，更是发挥我国制造业大国和综合国力优势，顺利跨越中等收入陷阱，实现经济高质量发展的内在要求。必须抓住我国已有传统产业和先进产业优势机遇，主动应对未来产业发展的新挑战，加快解决新质生产力的发展困难，助推构建我国现代产业经济体系。

一、我国发展新质生产力的主要机遇

新质生产力将引发一场深刻而持久的经济、社会、思想变革，深刻地改变人们的生产方式、生活方式、思维方式。新质生产力能够带来的是极大的效率变革和动力变革，其所产生的效率变革不是单个生产要素的效率提高，而是全要素生产率的提高。一个国家或地区处于全球领先地位的战略性新兴产业的规模和质量、未来产业的培育以及转化为新质生产力的状况，决定该国家或地区的综合经济实力和地位。

（一）新一轮全球科技和产业技术革命浪潮孕育着巨大的新质生产力要素和产业创新机遇

历史反复证明，哪个国家拥有先进技术特别是拥有颠覆性的重大技术，哪个国家拥有处于世界领先地位的战略性新兴产业和未来产业，哪个国家就能居于世界领先地位。当前人类社会正在加速进入新一轮科技、产业革命的浪潮中，建设低碳经济社会，以新能源、新材料等为代表的战略性新兴产业，以量子技术、生物技术等为代表的未来产业，将成为世界经济发展和国际产业分工格局调整的主要方向。产业创新势必导致国家间的产业转移，传统的国际分工格局将会发生变化，进一步呈现出"非平衡态"的特征，战略性新兴产业在全球价值链的高端环节打开了缺口，为中国等后发国家改变弱势分工地位赢得重大机遇。未来产业具有战略引领性、超强颠覆性、高成长潜力等典型特征。未来产业是重大科技创新产业化后形成的，未来产业是由处于探索期的前沿技术所推动、以满足经济社会不断升级的需求为目标、代表科技和产业的长期发展方向，是当前尚处于孕育孵化阶段的新兴产业，它比战略性新兴产业更能代表未来科技和产业发展的新方向，是对经济社会变迁起到关键性、支撑性和引领性作用的前沿产业，会在未来发展成熟和实现产业转化，并形成对国民经济的重要支撑和巨大带动，其中量子技术、机器人、尖端生命科技、网络安全和大数据等将是推动未来20年全球经济社会变迁的关键产业。具体来看，发展战略性新兴产业和未来产业的战略意义和制高点效应主要体现在以下几个方面。一是提升国家发展能力，以新兴产业为支撑才能培育具有全球竞争力的新技术、新产品，更大程度参与全球治理，维护国家与民族的发展利益；二是解决人类社会发展面临的困境，老龄化、气候和资源环境等问题迫切需要新兴产业提供新的可实现的解决方案；三是提供更多高质量就业机会，新兴产业为许多应用场景、新市场、新技术和产品领域提供大量新的就业，能够有效增加新的高收入岗位。

（二）工业革命和世界性大危机以来，发达经济体国家主要依靠新兴产业和未来产业启动新一轮增长以摆脱经济增长困境

长期以来，美国、日本等主要发达国家走出低增长困境，主要依靠每一轮科技革命产生的新兴产业提供新增长点，以此带动国家经济走出周期性的经济社会危机循环。

当前主要发达国家积极更新发展理念，主动寻找新的产业切入点，纷纷在人工智能（AI）、量子信息科学等前沿领域加快布局。2017年美国白宫科技政策办公室（OSTP）提出未来产业是可以为教育和医疗带来革命性的变化，改变交通和通信方式，为解决科技、经济和社会难题提供新技术新工具的产业。2019年发布的《美国将主导未来产业》前沿报告，重点关注人工智能、先进制造、量子信息科学和5G技术。2020年颁布《2020年未来产业法案》，从立法层面保障未来产业发展。2021年从组织层面提出构建未来产业研究所，为未来产业发展提供新型组织模式。日本政府2016年提出以数据和新兴技术来构建一个"超智慧社会"，即"社会5.0"，通过建设16个系统和数据库，打通新兴技术产业间的应用连接；内阁通过《实现面向未来的投资的经济对策》确定28万亿日元规模的产业投资方案；在《科学技术创新综合战略2020》中进一步确立了人工智能、超算、卫星、低能耗技术、清洁能源和生物技术等战略发展领域。欧盟成员国于2019年联合设立欧洲未来基金，致力于对具有战略性意义的未来产业领域相关企业进行长期资助。英国政府2017年在《产业战略：建立适应未来的英国》白皮书中提出，人工智能与数据经济、未来交通、清洁增长等是未来产业，设立产业战略挑战基金对未来产业方向开展投资，在人才培养、数字基础设施等方面提供超315亿英镑的支持。

（三）我国有着世界上最完整的工业制造体系，是培育和发展新质生产力的沃土

经济体系是典型的耗散结构。耗散结构理论认为，在开放的发展环境中，系统内的各个子系统与外界以及子系统之间会进行能量与物质交换，形成一种相互协调的作用，从而由原来的无序状态转变为一种时间、空间、功能的有序结构。建设现代产业体系是一个系统性工程，体系内的各个子系统都是国民经济的基础，如果各子系统能够协调发展，则整个经济系统就可以合理有序运行。如果子系统间联系不畅或中断，就破坏了系统间的协同作用，整个系统就会陷入混乱无序。当前世界科技和产业进步趋势及力量不可阻挡，互联网、数字经济、人工智能、云计算、绿色低碳新能源等技术超前进入快速迭代递进的高水平阶段，开始深度改造原有工业社会凝聚形成的静态结构。

制造业是实体经济的主体、是现代产业体系的核心，保持制造业占国民经济比重基本稳定，是提升我国产业链供应链现代化水平的物质基础。目前我国制造业与发达经济体仍然有着10~20年的差距，但是在现代信息产业和数字经济的加速器作用下，我国先进制造业发展新质生产力有着巨大潜力和成长优势。我国现在拥有世界最完整、规模最大的工业体系，具备强大的生产能力、完善的配套能力，不仅是普通商品的全球工厂，也是高端机械装备和电子信息产业等现代制造业的生产强国；全国拥有1亿多市场主体和1.7亿多受过高等教育或拥有各类专业技能的人才，在商业模式、科学产业技术和新产品应用等领域的创新创业处于蓬勃向上的进取阶段。

近年来，我国制造业比重持续下降，如果延续下去，将损害国家产业体系的完整性，影响产业链供应链的稳定性和竞争力，动摇实体经济发展的根基。因此，需要把以制造业为主体的新兴产业和战略产业作为巩固实体经济在国民经济中基础和支柱地位的着力点，既稳定数量和规模，又提高质量和效益，坚定不移地推进新型工业化，促进数字经济和实体经济深度融合。坚持自主可控、安全高效，按照分行业、差异化、有重点地做好产业链供应链优化升级的配套政策和支持手段，充分利用我国广阔市场和多层次需求的包容优势，提升产业供给体系对国内需求转换升级的适配性。未来5~10年是我国战略性新兴产业发展的关键时期，越来越多的新兴技术开始进入大规模产业化和商业化的应用发展阶段，市场需求和新兴业态成为驱动产业变革和带动经济社会转型的重要力量。目前，数字化发展已经从根本上改变了传统经济的生产方式和商业模式，深度融入公共管理、社会服务和家庭生活的方方面面，在我国全面抗击新冠疫情中，以大数据为代表的数字技术发挥和显示出重要作用和广阔空间。加快发展现代服务业，推动生产性服务业向专业化和价值链高端延伸，同先进制造业、现代农业深度融合，促进服务业数字化转型，继续推动以"互联网+政务服务""智慧城市"等为基础的现代城市数字治理体系，提高国家治理能力现代化水平。

目前我国常住人口城镇化率已经超过65%，有近4.6亿人口达到中等收入水平，我国已经成为超大规模内需经济体，可再生能源、新能源汽车、高速铁路等新兴产业的快速成长有赖于这些优势。党的二十大强调，坚持把发展经济的着力点放在实体经济上，推进新型工业化，加快建设制造强国、质量强国、航天强国、交通强国、网络强国、数字中国。围绕新质生产力发展方向，通过供给侧结构性改革驱动，抓紧时间补齐产业链供应链的短板，增强产业链供应链的长板，推动战略性新兴产业和传统产业紧密协作，未来产业超前研发布局，形成现代产业相互促进的良性循环机制。

二、我国发展新质生产力面临的主要挑战

中国特色社会主义已经进入新时代新发展阶段，按照党的二十大提出的"两步走"战略，我国要在未来30年内从进入高收入国家，实现全体人民共同富裕，全面建成社会主义现代化强国，关键是促进经济高质量发展，打造以新质生产力为驱动的现代化产业经济体系作为支撑。

（一）我国经济总体已经从追赶阶段进入创新驱动阶段，发展新质生产力是突破技术产业和收入的结构陷阱，摆脱"卡脖子"问题的根本途径

从世界各国现代化发展历程看，许多国家经历了工业化、城市化的快速发展后，传统产业资源能源成本快速增加，低成本竞争力逐渐衰弱，新兴产业因为缺乏技术与人才、创新能力发展低于预期，开始落入产业体系发展的"结构性陷阱"。这样的产业结构状况在宏观经济方面普遍表现就是经济增长停滞、结构问题严重、失业状况逐渐恶化、国民收入提高缓慢甚至下降等。如果一个国家的经济结构与宏观经济进入这样一种进退两难的境地，可能就落入了发展中国家的"中等收入陷阱"。从前几轮科技革命和产业革命的影响看，新的全球性技术更替（global technology shift）并没有结束几个世纪以来的结构性不平等情形，"优胜者"（winners）与"失败者"（losers）双边对峙的局面依然牢固。"优胜者"群体以美国等发达工业国为核心，包括刚刚挤入部分高端生产领域的新兴工业国如果不能顺利实现产业升级换代，在参与国际分工的过程中可能逐渐被沦为"失败者"。新质生产力的创新具有原创性、技术具有颠覆性、产业形态尚未正式形成，具有10到15年的培育周期，呈现高投入、高风险和高回报的特征，既需要发挥新型举国体制优势进行前瞻谋划和超前部署，也需要广泛调动社会力量积极参与，提高验证效率，降低试错成本。新兴产业大部分具有先发锁定优势的特点，"先行者"将构筑涵盖上下游产业链的知识产权和行业标准等的完整生态，"后来者"追赶超越难度较大，挑战较多。在国际分工体系中，我国产业总体处于中低端，供给体系的中高端技术和产品质量不高、数量不多，就业岗位和收入水平也被限制在中低端，技术产业产品和就业的"结构性陷阱"集中表现为关键核心技术和产品的"卡脖子"问题。

从中国目前的产业体系和产业结构的状态看，一方面，传统产业已经开始衰退，产能过剩严重，新兴产业虽然在快速成长，但在整个产业体系中的比重比较小，对国民经济的贡献还比较小且发展受阻，中国已经面临如何跳出产业体系的结构性陷阱的挑战。另一方面，中国居民就业的稳定性开始减弱，收入的增长速度和潜力出现阶段性下滑，社会投资和居民消费增长已经进入递减区间，从中等收入行列顺利攀升到高收入行列的挑战依然巨大。克服这些挑战的关键出路在于抓住新一轮产业技术革命的机遇，形成具有国际竞争优势的战略性新兴产业和未来产业。同时，从国际发展现状看，世界主要国家之间的综合国力竞争，最终要归结于颠覆式技术创新支撑下的未来产业之争，这对我国培育现代化战略性新兴产业和未来产业竞争新优势提出了更高要求。与发达工业国相比，当前我国新兴产业和科技创新发展的广度与深度依然不够，科技创新政策的实际执行力度需要进一步加强，公众对于利用未来科学技术产业、新型绿色技术产业发展、可持续保护环境等的思想认识还不足；熟练使用高科技进行生产和创新的高素质劳动力和技术人才依旧紧缺。目前我国经济科技几十年高速发展的赶超效应已经处于后期，科技创新和产业升级换代已经进入自立自强发展阶段，基础科学和应用研究迈入更多"无人区"，可供借鉴的经验骤然减少，在突出科技创新原创性的基础上进一步超前布局未来产业，加快壮大战略性新兴产业对经济高质量发展具有日益凸显的重要意义。加快形成新质生产力产业体系就是立足于我国自然资源禀赋或现代化知识技术资源、产业存量、社会文化、生态环境、政策制度等方面的条件或优势，从重视技术创新到同时重视基础研究、技术创新、研发模式、生产方式、业务模式和组织结构的革新，全方位协同推进现代产业经济体系的构建。

（二）与培育和发展新质生产力相适应的新型生产关系相对滞后，加快深化经济体制改革的任务繁多繁重

发展新质生产力与构建新型生产关系具有辩证统一性，通过全面深化改革，构建起适应新质生产力发展的新型生产关系，以新型生产关系赋能新质生产力至关重要。

中国是后工业化和现代化国家，基于马克思主义唯物史观，以生产力是社会发展的根本动力理论为指导，中国共产党始终高度重视生产力发展，根据时代要求调整生产关系、改革体制机制，促进不同阶段新兴产业发展壮大。在社会主义现代化建设进程中，我国为了正确处理好先进生产力与生产关系变革，已经逐渐形成一整套行之有效的体制机制。从我国产业升级换代，先进生产力和生产关系的互动过程中，在党的统一领导下，通过顶层设计、渐进方式、上下结合、有重点有步骤地推进体制机制创新，变革不适应生产力发展要求的生产关系，实现制度性突破，使生产关系适应新的生产力要求，在越来越大范围、越来越深层次上解放和发展社会生产力，推动我国产业结构不断优化升级、国民经济持续增长。随着现代产业迭代式突破到工业4.0时代，当前我国许多具体生产关系和制度，如劳资、产权、金融、财税和企业治理等领域主要适应于传统产业、产品、技术和管理为主的发展阶段特点要求，进入新时代后，许多原有体制功能已经不适应、难以满足甚至落后于各类新型经济商业模式和新兴现代产业生产力的发展要求。必须通过新一轮深化改革调整变革生产关系，把新发展理念要求转化为实际有效的引领机制，激励和推动现代产业体系的培育壮大新质生产力，为高质量发展构建新型生产关系和生产力基础，从而使现代实体经济成为带动全面经济现代化的强力引擎。

近年来，我国在改善市场竞争环境方面取得了明显成效，有效激发

了市场主体活力和社会创造力，加速了现代产业和新质生产力的发展。但形成和维护公平竞争市场环境的关键是处理好政府的缺位和越位问题，尤其要重点解决政府对微观经济活动过多干预的越位问题，这是多年来妨碍我国市场发育和公平竞争的顽疾，也是历次改革的难点。自2020年新冠疫情爆发以来，因经济周期性下行趋势的紧缩效应，在需求收缩、供给冲击和预期转弱等障碍因素的压力下，我国有效经营生存的经济主体尤其是非公有制经济主体出现了实质性的萎缩，曾经十分活跃的推动新质生产力发展的创新型行业和企业的增长速度也开始明显放缓乃至收缩。克服这些经济困难既要政府采取短期的刺激性政策，更应立足我国经济发展优势，通过深化改革激发内在潜力、释放市场活力，促进各类所有制企业成为发展新质生产力主力军，高质量发展的主攻手和领头羊。

发展新质生产力需要建设高标准的社会主义市场经济体系。市场对资源配置功能的范围程度和效率高低取决于各类商品尤其是生产要素类商品的市场交易体系是否完整，体系越完整，交易效率越高，价格信号的有效性越强，资源配置的效率也越高。推动我国实体经济尤其是制造业转型发展，需要把各类生产要素通过市场机制从传统行业转移到新兴行业和新型企业中，释放大量沉淀或低效的人才、资本、技术和管理等现代生产力要素，将其转化为新一轮改革红利。市场机制的作用依赖市场体系的衔接和运转，由此发挥生产、流通、交换和分配的枢纽作用，市场这只看不见的手就成了资源配置的指挥中枢。经过改革开放以来市场化改革效应的累积，我国各种生活类商品市场的开放性、完整性和竞争性已经达到较高水平，基本形成高标准的全国统一市场，成本和价格的决定机制也已经和国际市场接轨，行业企业的国际竞争力达到甚至居于世界一流。但是目前生产要素类商品的市场化改革进展相对滞后，许多改革方案仍然没有落地生效，市场的封闭性、区域性、垄断性依然普遍存在，严重降低了生产要素配置的畅通程度和使用效率。

我国改革开放的历史和各国现代化的经验都充分证明，对外开放、国际合作交流是一国经济社会发展必不可少的重要条件，利用国内国际两个市场、两种资源，以开放促改革、促发展已经成为我国经济建设的重要动力、现代化发展的重要法宝。习近平总书记指出，开放带来进步，封闭必然落后。他多次强调，中国改革开放的大门不会关上，只会越开越大。近期，习近平总书记强调，要扩大高水平对外开放，为发展新质生产力营造良好国际环境。根据国际机构和国内主流机构关于营商环境的评价，我国市场营商环境尚未达到一流水平，有些指标还处于落后的局面，如世界银行《2020年营商环境报告》中，我国有的指标明显靠后，严重制约国际化营商环境的塑造，如纳税和获得信贷，纳税一级指标全球排名105位，获得信贷指标全球排名80位。因此，新一轮全面深化改革要强弱项，优先解决这些问题，突出强化税务营商环境建设、信贷和融资营商环境建设。市场机制是对企业的最大激励，法治环境是对企业家的最大保护，法治化而非行政化的监管环境，能够让企业家放心投资、安心经营、专心创业。法律的出台并不等同于法治的实现，世界银行对各国营商环境进行评价所依据的规则不仅包括一国的法律文本，而且更看重法律法规在执行过程中的有效性和规范度。近些年我国法律文本层面，以《民商法》的实行为标志，对市场经济中各行为主体的制度保障和规范正在逐步完善，取得巨大进步，但是现实中不同区域政府和职能部门的依法、尊法、守法意愿千差万别，用法、执法能力仍然有待大幅度提高，破坏市场经济法治发展的政府不当行为仍然较多。

（三）发展新质生产力既要重视应用学科，更要重视基础学科

习近平总书记指出，当今世界，科学技术作为第一生产力的作用愈益凸显，工程科技进步和创新对经济社会发展的主导作用更加突出，要最大限度解放和激发科技作为第一生产力所蕴藏的巨大潜能。新质生产力的形成是基础学科和应用学科共同推进的结果。无论基础学科还是应用学科，都是新质生产力形成的"序言"，而不是新质生产力本身，但没有科学的进步就难以实现技术的突破。科学技术的原创遵从两条路线：一条是围绕应用展开，坚持问题导向；另一条就是基础科学突破，在基础原理上有重大发现，并逐步应用到实践。基础学科为应用学科提供坚实的基础，一定意义上，基础学科发展到哪里，社会文明才能进步到哪里。放眼全世界，大凡发达国家都有发达的教育和发达的基础学科。因此，科技创新发展既要重视眼前，突出重大问题攻关，又要着眼于长远；既要重视技术应用及应用学科，又要重视基础学科；既要重视技术发明，又要重视科学发现。新质生产力给人类社会带来的影响是立体的全面的深刻的，既改变人们的旧思想和旧理念，又改变人类的生产方式和生活方式，不断挑战极限，把不可能变为可能，甚至改变一个国家或民族的命运。党的二十大提出建设社会主义现代化强国，强调要高度重视基础学科。基础学科未必能够产生快成果，又需要长时间、大投入，需要有战略定力，要容忍基础理论、基础学科长时间不产生新成果，因为其一旦产生新成果往往对传统生产力具有颠覆性，影响极其深远。

我国要到21世纪中叶建成现代化强国，建设现代产业体系，必须统筹教育科技人才。当前我国科技创新体系仍然有着较大的体制性弊病。保护新质生产力，发展新质生产力，破除新质生产力发展的各种科研创新障碍，必须加快深化科技体制改革。在应用项目攻关上，要把科研院所与企业功能合二为一，企业有什么需求，就通过"赛马"机制公开招标解决方案，科研院所围绕企业需求转，企业的问题就是科研院所的课题。除了基础研究之外，科研院所经费应主要来自企业而不是政府，对经费管理要突出结果导向而不是过程导向，结果由企业说了算。要由传统的政府发布科研项目变为企业的市场行为，由企业来评判、验收科研成果。要改革科研经费使用制度，以结果论英雄，由过去侧重于过程审核变为结果、效果审核。要改革用人体制，着力破"四唯"，要看实绩、创新和市场效果。只有深化科技体制改革，才能调动各种生产力要素特别是调动人的积极性、能动性、创造性。

目前我国人才教育培育方式、质量与科技产业创新、创业的要求在数量上和结构上都存在较为严重的脱节不匹配问题，滞缓了我国新质生产力的成长进程和高度。近年我国制造业的转型升级正处于关键阶段，现代产业体系的建设和创新经济的形成急需与转型相适配的技能劳动力，但大量的用工荒和大范围就业难同时并存，这种状况不仅影响当前的实体经济发展，也使得长期脱离劳动力就业市场的青壮年人才，失去"干中学"的机会，降低我国劳动力人才的素质红利开发利用效果，以致无法完全补偿、覆盖和超越人口数量红利衰减产生的经济社会损失，对未来的创新型技术、产业和模式的发展带来难以估计的损害，挫伤经济发展的长期持续动能。这种矛盾对立现象背后的重要原因在于高校快速扩招、高等教育改革滞后导致学校专业设置、课程体系、教育质量不能适应和满足经济结构性变迁和劳动力人才市场的快速变化。面对快速变迁的技能、技术和知识的需求，更长期的举措在于加快高等教育改革，提高入学率的同时更加注重教育质量，调整优化人才学科和专业结构。要根据现代产业和新质生产力的需要，劳动力和技术人才市场的实际需求，依托大数据信息和先进数字技术预测行业发展及其对于人力资本的需求方向，统筹通识教育、专业性教育与技能性培训的内容和结构，更有针对性和精准化地培养并造就大量实践型技能人才和创新型开发人才，以满足未来持续增长的创造新质生产力的战略人才和能够熟练掌握新质生产资料的应用型人才的需求。

第五讲

新质生产力的实现路径

发展新质生产力的根本路径，在于进一步全面深化改革，以科技创新体制变革推动实现技术革命性突破，以要素市场化改革推动生产要素创新性配置，围绕新质生产力布局产业和产业链，从而促进产业深度转型升级。

发展新质生产力，是促进经济社会发展向高级阶段转换的内在动力。从生产力发展的一般路径来看，生产力虽然表现出显著的阶段性特征，但从传统生产力到新质生产力的阶段跃升，并不是自然实现和必然实现的，支撑生产力水平提升的必要条件不可或缺。新质生产力的形成，需要有技术基础、要素基础和产业基础予以支撑。发展新质生产力的根本路径，在于进一步全面深化改革，以科技创新体制变革推动实现技术革命性突破，以要素市场化改革推动生产要素创新性配置，围绕新质生产力布局产业和产业链，从而促进产业深度转型升级。

一、生产力发展的一般路径与新质生产力的实现路径

世界经济发展历史，就是一部生产力水平不断跃升的历史。理论与实践均表明，生产力发展水平和经济社会发展阶段呈现的变化，具有一般规律和阶段性特征。一个国家生产力发展路径和不同发展阶段的顺利转换，也有内在逻辑和动力机制。

（一）经典理论中的生产力与社会发展阶段划分

从马克思主义政治经济学基本原理来看，生产力发展水平和生产力性质，是划分经济时代和国家经济发展阶段的主要标志。马克思明确提出，"各种经济时代的区别，不在于生产什么，而在于怎样生产，用什么

劳动资料生产"①。按照这个划分逻辑,以劳动资料特别是生产工具的不同为标志,生产力的发展阶段一般可被分为石器时代、青铜器时代、铁器时代、机器大工业时代、信息化和数字经济时代,等等。人类社会也从农业社会为主的阶段,进入工业社会和后工业社会阶段,目前开始进入数字和人工智能社会阶段。每个发展阶段的劳动资料,均代表了生产力发展的基准水平。

在西方经济学经典理论中,经济社会发展的阶段性也是重要的研究主题。1960年,美国著名经济史学家罗斯托出版《经济成长的阶段》一书,对经济社会发展的阶段进行了划分。他分析了先行工业化国家的经济发展历程,以产业部门的形成、人类的追求等为标准,将人类社会发展划分为六个阶段,依次是传统社会阶段、为起飞创造前提阶段、起飞阶段、向成熟推进阶段、高额群众消费阶段、追求生活质量阶段。1990年,美国著名竞争战略专家迈克尔·波特在《国家竞争优势》一书中,探究了不同发展阶段经济增长的驱动因素,将一个国家的发展过程划分为要素驱动阶段、投资驱动阶段、创新驱动阶段和财富驱动阶段。

不难看出,政治经济学与西方经济学在发展阶段划分时的视角确实不同。生产力发展水平是政治经济学观察发展阶段的重要依据,而西方经济学理论并没有明确以生产力作为阶段划分的依据。但显而易见的是,在划分出的每个发展阶段中,生产力发展水平肯定是有显著差异的。

(二)生产力发展阶段转换及其内在动力机制

由不同生产力水平代表的不同经济社会发展阶段,到底是如何实现阶段转换的,背后的动力机制到底是什么?针对这个问题,经济学理论既给出了关于生产力发展阶段转换的规律性认识,也对具体影响因素进

---

① 马克思恩格斯文集第五卷[M].北京:人民出版社.2009:210.

行了深入考察。

从政治经济学视角来看，生产力发展的阶段转换，是由生产力和生产关系的矛盾运动推动的。1880年，恩格斯在《社会主义从空想到科学的发展》中曾指出，"一切社会变迁和政治变革的终极原因，……而应当到生产方式和交换方式的变更中去寻找，……而应当到有关时代的经济中去寻找"[①]。马克思主义政治经济学基本原理表明，生产力决定生产关系，生产关系反作用于生产力。生产力与生产关系是否相适应，是判断发展阶段转换的重要依据。当生产关系阻碍生产力发展时，生产力与生产关系的矛盾会推动社会制度变革；而当新的社会制度确立后，生产关系会反过来决定生产力发展阶段的转变。可以说，这是生产力发展阶段转换的一般逻辑、动力机制和基本规律。这个视角同时提供了一个有助于解放和发展生产力的总体方法论，就是生产力和生产关系必须适配。

促进生产力发展阶段转换的具体驱动因素，主要涉及主导部门的形成和更替、人口和资金流动的方向、技术水平的变化等。如在罗斯托关于经济增长阶段的划分中，传统社会阶段没有现代科学技术的支撑，农业是主要产业；为起飞创造前提阶段，开始有了市场形成和资本积累；起飞阶段，出现生产要素的优化配置，农业劳动力逐渐从农业中解脱出来，进入城市和工业体系；向成熟推进阶段，新技术开始引入新的主导部门；高额群众消费阶段，汽车等耐用消费品成为主导部门，技术工人和城市人口比重提升；追求生活质量阶段，服务业成为主导产业部门。波特关于经济社会发展阶段的理论，更是明确指出了各个发展阶段的主要驱动因素。

---

① 马克思恩格斯文集第三卷［M］.北京：人民出版社.2009：547.

(三)我国发展阶段与新质生产力的实现路径

当前,支撑我国经济高速增长的要素条件已经发生了重大变化,驱动经济发展的内在动力也需要进行调整。从要素禀赋和供给情况来看,我国已经到了由要素投资驱动阶段向创新驱动阶段转型的关键期。理解这一判断,可以从三方面来观察。一是16—59岁的劳动年龄人口在2011年达到峰值[①],自2012年开始逐年下降,占总人口比重已经至61.3%。2018年年末,全国就业人员总量甚至也首次出现下降。二是影响储蓄水平的总抚养比这个指标,在2010年开始触底上升。而研究发现,人口年龄结构与储蓄率有很强的相关关系,人口抚养比每上升1个百分点,储蓄率将下降0.8个百分点[②]。三是近年来的资本回报率呈下降趋势,短缺经济时代"投什么都赚钱"的阶段,已经一去不复返了。与此同时,环境、资源等方面的硬约束,正变得越来越强。

综合来看,我国已经经历了主要靠要素和投资支撑的发展阶段。实现高质量发展,成为我国进入新发展阶段的总体要求,也是全面建设社会主义现代化国家的首要任务。在当前这个发展阶段,必须发展以科技创新为主导的新质生产力。那么,如何才能形成新质生产力?从生产力和生产关系的矛盾运动来看,催生新质生产力,必须遵循生产力发展的内在规律,加快形成与之相适应的新型生产关系。从影响生产力发展路径的主要因素来看,需要通过深化科技体制、教育体制、人才体制等领域的改革,打通束缚新质生产力发展的堵点卡点。而从具体实现路径来看,加快实现技术革命性突破、生产要素创新性配置、产业深度转型升

---

① 陆旸,蔡昉.人口结构变化对潜在增长率的影响:中国和日本的比较[J].世界经济,2014,37(01):3-29.

② 孙学工,刘雪燕.我国经济潜在增长率分析[N].经济日报.2011年12月12日.

级，是新质生产力的三个关键实现路径，它们分别构成了新质生产力形成的技术基础、要素基础和产业基础。

二、以科技创新体制变革推动实现技术革命性突破

依托科技创新推动技术革命性突破，是形成新质生产力的技术基础。习近平总书记强调，科技创新能够催生新产业、新模式、新动能，是发展新质生产力的核心要素。当前，要推动实现技术革命性突破，必须强化企业这一创新主体和科技成果转化核心载体的地位，打破制约科技创新的体制机制障碍，为推动科技创新提供激励相容的制度安排，让科技创新成为企业的内在行为选择。

（一）企业是创新主体和科技成果转化的核心载体

科技创新、科技革命通常是与产业变革联系在一起的。但产业是企业的集合，企业才是微观市场行动的真正主体。从产业经济理论来看，产业是提供同类产品或服务的企业集合。但从行动学逻辑来看，产业并不是经济行为的主体。立足发展新质生产力、推动科技创新的政策导向，最终都需要由一家一家具体的企业来完成。

正是在这样的逻辑下，近年来中央特别强调，企业是科技创新的主体。党的二十大报告提出，加强企业主导的产学研深度融合。在主持召开二十届中央财经委员会第一次会议时，习近平总书记要求从制度上落实企业科技创新主体地位。2023年9月，习近平总书记在黑龙江考察时明确提出，把企业作为科技成果转化核心载体，提高科技成果落地转化率。

虽然企业是科技创新的主体，但企业的科技创新这一经济行为选择，是受到政策和制度体系约束的。经济学基本逻辑表明，在政府给定的政策和制度体系约束下，微观市场主体总是会倾向于做出有利于自身利益

的决策。理解企业的科技创新行为选择，也必须从分析约束企业科技创新行为的政策和制度体系入手。现实中可观察到的现象是：一些有创新压力的企业缺乏创新能力，一些有创新能力的企业又缺乏创新动力。因此，推动科技创新体制变革，需要厘清那些约束企业创新行为选择的核心制度变量。

（二）推动科技创新要有应对不确定性的体制机制

企业缺乏创新能力，在很大程度上和创新本身的经济性质有关。从创新行为的经济性质看，科技创新具有高度不确定性。应对不确定性的体制机制若不健全，企业创新能力的提升就缺乏有效的政策支撑。

要看到的是，创新面临的不确定性与风险是有本质区别的。传统的风险指的是事件发生存在一个概率，虽不知事件何时发生，但能估计出事件发生的概率。而不确定性指的是事件发生没有先验概率，即不知何时也不知以多大概率发生特定事件。科技创新显然属于不确定性范畴，一家企业创新99次，平均成功概率是75%，这并不代表第100次创新成功的概率也稳定在75%左右。

经济学之所以区别风险和不确定性，主要在于应对风险和不确定性的制度安排和体制机制不同。因为知其发生的概率，解决风险主要是通过将风险集中到一个保险市场中，由保险市场对冲风险，这是财产险、寿命险、重疾险存在的经济逻辑。可是，一家企业对科技创新进行巨额投资，是可能成功也可能失败的，而且概率未知，保险机制无法解决这类具有高度不确定性的创新活动，不可能对创新可能存在的失败进行"保险"。

如何有效应对创新等行为带来的不确定性？经济学的分析认为，专业化和分散化是应对不确定性的关键，即依靠大量专业的投资主体和高度分散化的投资方式，利用专业化的信息分散不确定性。很多科技创新之所以能取得成功，其重要的因素就在于存在一个鼓励为"千奇百怪的创新想法"付费的机制，能够协助缓解不确定性难题，而这种机制恰恰是需要一个有效的创新型金融体系予以支撑的。

但从我国来看，创新型金融体系发育远滞后于创新对金融产品的需求。当前，我国的金融体系呈现出典型的银行主导格局，融资模式主要是以银行贷款为主的间接融资。银行贷款的发放准则，主要以企业过去经营形成的业绩和资产规模为参照标准，但创新恰恰是面向未来和不确定性。当下许多以"轻资产"为特征的优秀创新型企业，缺乏有形的高值抵押品，而创新创意、无形资产又不容易估价，知识产权的证券化发展尚不足。依靠银行为主的传统融资体系支撑这类创新往往是"心有余而力不足"。对创业初期的中小型创新企业来说，传统的银行贷款体系往往会实行更为严格的贷款审核，创业的融资支持对许多中小企业来说举步维艰。

分散创新带来的不确定性，迫切需要一个功能健全和制度完善的资本市场，这是制约我国企业创新发展的一个制度性短板。中央近年来多次强调，要加强资本市场基础制度建设，构建多层次资本市场和多元融资体系，加快建设金融强国。我国不断推动的金融供给侧结构性改革，已经有效降低了风险资本准入门槛，为市场发现企业的未来价值提供了重要平台。这些举措，将有助于形成一种有效支撑创新的金融体制，有助于培育和提升企业的创新能力。

（三）为推动科技创新提供激励相容的制度安排

一些有创新能力的企业，为何缺乏创新动力？解释这个困境，需要准确观察科技创新活动的个人收益和社会收益。一般来看，如果创新的个人收益和社会收益分离，社会效益很高但是个人收益很少，又缺乏相应的制度激励使得个人收益尽可能接近于社会效益。在这种情况下，企业就会出现创新动力不足的普遍现象。

个人收益和社会收益分离，首先和技术创新本身的经济性质密切相关。许多技术创新前期需要大量资金投入，可是一旦技术研发成功，行业内有相关知识储备的专业人员都能迅速识别和复制。这类技术创新，具有经济学意义上的公共产品性质：一人投资但无法排他性使用，所有人都会因此受益。因而，利用市场机制收费来补偿投入成本非常困难。若高额投入长期缺乏合理的补偿机制，企业创新激励就大大弱化，难以心无旁骛地进行创新。具有广泛正外部效应的创新，企业难以利用收费机制进行补偿，客观上需要由国家代替广泛的受益者对其进行补偿。中央提出构建社会主义市场经济条件下关键核心技术攻关新型举国体制，就是通过完善国家付费制度，补贴具有正外部效应的技术创新，弥合对这类创新激励不足的制度性缺陷。

对于那些本可以利用市场机制收费的创新行为，企业为何仍缺乏创新动力？因为个人收益和社会收益分离，还与不相容的激励制度相关，并不是企业"不想为"，而在于企业"不能为"。以科技创新中的发明创造为例，利用国有企事业单位提供的研发条件完成的发明创造属职务发明，其激励规则是由所在部门单位对发明人进行奖励。过去，利用国家财政资金支持的创新技术研发，不仅所有权不属于个人，衍生的商业开发权也不归发明人所有。这类制度条件限制，使得创新主体缺乏有效渠道合理分享创新的增值收益。完善科技人才发现、培养、激励机制，健全符合科研规律的科技管理体制和政策体系，改进科技评价体系，是矫正创新激励不相容的治本良策。

全面深化改革，是点燃科技创新引擎的关键。通过改革积极营造有利于科技创新的政策环境和制度环境，为企业创新找到一条合适的路径、提供一套准确的激励制度，让创新主体合理分享科技成果转化的增值收益，是完善科技创新体制、推动实现技术革命性突破的关键所在。

三、以要素市场化改革推动生产要素创新性配置

推动生产要素创新性配置，是形成新质生产力的要素基础。在我国市场体系建设中，98%以上的商品已经可以由市场来配置。但相比之下，要素市场仍然是短板和薄弱环节。要实现生产要素创新性配置，要有准确的要素市场价格形成机制，准确的要素价格才能为企业推动要素创新性配置提供准确激励。在这个过程中，要充分发挥好企业家创新性配置生产要素的职能，大力激发和弘扬企业家精神。

（一）完善要素价格形成机制是要素创新性配置的核心

价格机制是市场经济运行最为重要的基础制度。价格可以向市场中的微观主体传递信息并提供激励。要素市场化配置，是推动要素创新性配置的前提。完善要素价格形成机制，则是要素市场化配置的逻辑起点。

在市场经济体系下，价格可以向市场决策者传递信息。形成一个准确的要素市场价格，对推动生产要素创新性配置至关重要。在市场经济中，价格是把生产者至最终消费者路径中的加工、生产、销售等环节连接起来，将市场供求波动信息传递给各决策主体的枢纽。价格若不是市场自发形成的，就无法真实反映出要素和资源稀缺程度，进而就会传递错误的信息给各市场主体，要素配置也就可能出现扭曲。

以产业转型升级为例，可以看到，要素投入的创新性配置是受到要素价格影响的。产业层面的转型升级，在微观企业中就表现在生产要素配置的升级。而要素的价格水平高低，是企业配置生产要素、做出投入决策的基础。若土地和资源价格被人为扭曲而低于市场之价，那么，多使用土地要素和资源投入，就是企业在已有制度下的理性选择。如果要素价格由市场形成，企业的要素配置变化就不会被扭曲。政府对要素定

价的困境，在于价格难以正确衡量和反映要素的稀缺性，会在一定程度上扭曲价格信号。因此，产业转型升级、生产要素创新性配置，需要一个正确的要素价格体系来引导，才能更有效率、更低成本地推进。近年来，中央对政府定价行为施加了更多约束。当前，政府定价范围主要限定在重要公用事业、公益性服务、网络型自然垄断环节，定价的透明度也不断提高。

在市场经济体系下，要素价格还会为生产者提供激励。要素价格波动信息传递后，相关市场决策主体就会按照供求状况调整生产，一方面调整总产量，做出扩大或缩减生产规模的决定；另一方面调整生产方式，采取更先进的生产技术、更优的企业组织方式，等等。要素价格的调整，也应当按照市场规律，才能产生正确的激励。没有要素价格的市场化，就难以为企业创新性配置生产要素提供内在激励。

（二）要素市场化配置为鼓励企业创新提供信号

现实中有的企业感受不到创新压力。这种现象与要素非市场化配置是有关系的。一般看来，如果企业不创新也有高收益，企业创新的压力自然就会弱化。而企业不创新也有高收益，在很大程度上是因为要素投入品本身价格低。传统的地方竞争体制下，地方政府招商引资过程中，容易对资源和要素价格进行竞争性补贴，为企业在政策之间套利提供了制度基础。从微观机制上看，企业做出创新决策是依赖市价引导的。被扭曲的要素价格，传递给企业扭曲的市场信号，也给企业提供了错误的创新激励，企业创新的内在动力就不足。

以劳动力为例，劳动力价格上涨会倒逼企业对要素投入结构进行优化调整。世界金融危机之后，有些地区的企业之所以较早做出"机器换人"的创新决策，正是劳动力价格上涨传递了转型信号、提供了创新激励。若对劳动力价格上涨进行政府干预，为对冲劳动力价格上涨压力而对企业进行补贴，企业的转型与创新决策就容易被误导和扭曲。在政府补贴的政策环境下，要素投入价格呈现人为低价，企业转型与创新的信号扭曲，创新压力也随之减弱，甚至有的企业不赚利润赚补贴。因此，要让企业真正感受到创新压力，需要不断推进要素市场化改革。

推进要素市场化改革，必须严格规范地方政府各种形式的税收优惠和免减行为，否则要素难以真正实现市场化改革。在政府政策实施的过程中，要更好落实公平竞争审查制度，避免地方政府之间的不公平竞争。短期内，需要把税收优惠以合法的制度或法律形式表达出来，并尽可能减少对特定行业和特定企业的优惠行为。长期内，要为地方政府竞争形成和发展新质生产力，创造一个公平的竞争环境和稳定的政策预期。

（三）发挥好企业家创新性配置生产要素的职能

企业家是推动创新的重要动力，也是生产要素创新性配置的重要组织者。习近平总书记指出："世界上一些很著名的企业家并不是发明家，但他们是创新的组织者、推动者。企业家有十分敏锐的市场感觉，富于冒险精神，有执着顽强的作风，在把握创新方向、凝聚创新人才、筹措创新投入、创造新组织等方面可以起到重要作用。"[①]

实践表明，支撑创新的生产要素本身并不等同于创新，有了创新需要的生产要素并不自然就能够推动创新，必须有生产要素的创新性配置，才有可能形成创新。谁来组织生产要素进行创新，远比生产要素数量的多寡更重要。企业家是企业组织中最重要的人力资本，推动生产要素的创新性配置，形成新组织、新模式、新业态，正是企业家职能和企业家精神所在。企业家也是发现市场供求不平衡最重要的主体，他们能够利

---

① 中共中央文献研究室编.习近平关于科技创新论述摘编[M].北京：中央文献出版社.2016：121.

用市场供需的结构性失衡、要素价格水平所传递出来的信息，有效组织和创新配置生产要素，改善技术、推动生产、平衡供需。

有必要强调的是，人是具有能动性的，任何人力资本包括企业家在内，都需要在合理的激励机制下才能主动发挥出作用，有效率的制度改革是使其发挥作用的关键。若缺乏有效率的制度安排，企业家精神不一定能够被激发和展示出来。长期来看，必须在涉及企业家生产、经营、财产保护等领域推动制度改革，形成有利于稳定预期的政策环境，放宽市场准入限制、降低制度性交易成本、营造良好社会氛围、保障企业家人身和财产安全，等等，都有助于企业家更好发挥创新性配置生产要素的职能。

四、围绕发展新质生产力促进产业深度转型升级

促进产业深度转型升级，是形成新质生产力的产业基础。代表新质生产力的科技创新成果，最终要应用到具体产业和产业链上。围绕发展新质生产力促进产业深度转型升级，需要纠正认识和行动上可能存在的误区。在产业层面，要处理好传统产业升级和新兴产业培育之间的关系，处理好产业规模扩展与产业效率提升之间的关系。在产业链层面，要处理好提升产业链韧性和安全水平的"内"与"外"关系。

（一）处理好传统产业升级与新兴产业培育之间的关系

围绕发展新质生产力建设现代化产业体系，必须处理好传统产业升级与新兴产业培育之间的关系。如果认为产业有高端和低端差异，因此识别并逐步淘汰"低端产业"，产业体系就会更加现代化，这是对围绕新质生产力促进产业深度转型升级的误读。这一认识误区可能带来的行动偏差，表现为在产业转型升级过程中人为界定高端产业和低端产业，"喜

新厌旧"甚至对传统产业"一关了之、一迁了之"。

从理论逻辑看,在产业转型升级过程中,政府对不同类型产业制定差异化的支持或限制政策,其认识论基础来源于产业生命周期理论。传统的产业生命周期理论认为,产业发展一般会经历发育、成长、成熟与衰退过程。按照这个逻辑,产业可以被理所当然地划分为朝阳产业、夕阳产业等不同属性,政策上对其区别对待也可以提升其产业层级和生产力水平。

但传统产业生命周期理论是静态而非动态的,它存在两大缺陷。一方面,产业发展条件并不是静态的。新技术革命和产业变革会重塑产业运行逻辑,传统的工艺流程、生产线、工厂模式、产业链组合等,都会随之面临深度调整。从动态视角看,传统产业也可以走向高端环节变为新动能,高新技术改造和重塑传统产业的现象俯拾即是。另一方面,该理论对产业层面的生命周期属性界定,实际上缺乏微观企业基础。现实中,企业家和行政部门不仅对产业所处周期的判断不同,企业家也是改变产业生命周期的关键力量。"没有夕阳产业,只有夕阳企业",已成为企业家普遍共识。

在推动产业转型升级过程中,把传统产业人为当成"低端产业",限制其发展甚至"一刀切"要求简单退出,不仅压缩传统产业向高附加值环节攀升的可能空间,更重要的是,这将严重抑制企业家精神发挥。我国传统产业存量规模巨大、发展层次不齐、升级潜力充足,远还没有进入"无潜力可挖"的发展阶段。坚持推动传统产业转型升级,发展新质生产力,绝不能将一些行业当成"低端产业"简单退出。

习近平总书记在主持召开二十届中央财经委员会第一次会议时就曾指出,坚持推动传统产业转型升级,不能当成"低端产业"简单退出。针对新质生产力的发展,他又专门强调,发展新质生产力不是要忽视、放弃传统产业。

（二）处理好产业规模扩展与产业效率提升之间的关系

围绕发展新质生产力促进产业深度转型升级，在产业政策导向上要处理好规模与效率之间的关系。如果认为产业实现跨越式规模扩张、新兴产业龙头企业引入迅速，形成新质生产力的基础就更牢固了，这是对产业政策规模和效率导向关系的认识误区。这一认识误区可能带来的行动偏差是，地方招商引资时，对代表新质生产力的战略性新兴产业等领域"一哄而上"，出现脱离地方实际的"盲目投资"，甚至"高端产业低端化"等现象。习近平总书记特别指出，发展新质生产力不是忽视、放弃传统产业，要防止一哄而上、泡沫化，也不要搞一种模式。

经验表明，产业政策以规模还是以效率为导向，是受经济发展阶段约束的。在经济发展追赶阶段，我国经济发展中的短板很清楚，产业政策只要按照"雁行理论"效仿先行国家就能形成比较优势。这时，产业政策导向突出扩张规模、强调发挥好"规模经济"优势，利用选择性产业政策招引大企业、大项目，是与发展阶段相适应的，也有助于降低市场"试错"成本。

但时至今日，我国产业技术水平走向世界前沿，代表新质生产力的那些技术路线不确定性大大增加。未来哪些产业能够成为发展主引擎，政府并不比市场更具有信息优势。处于关键生产环节、拥有关键技术的中小企业，对产业发展的趋势性影响越发凸显。此时，地方招商引资的"规模扩张"倾向，将进一步放大选错技术路线带来的市场风险。

规模导向的产业政策应当转向效率导向，还在于产业规模经济特性的内在变化。随着个性化量产时代的到来，"规模经济"的重要性逐步让位于"集聚经济"。过去，地方招商往往会集中在同行业类型企业，通过把产业规模做大发挥规模经济优势；当前，在一定区域内围绕特定产业形成上下游产业链集群，发挥集聚带来的经济优势，已经成为新的产业组织形式。地方招商更需要搭建一个以掌握关键工艺、关键环节、关键技术为主的产业创新发展平台。这时，只关注和招引新兴产业龙头企业，忽略产业链集群水平整体提升，龙头企业也难以分享到集聚带来的创新优势。因此，围绕新质生产力布局产业体系，必须处理好产业规模扩展与产业效率提升之间的关系。

（三）处理好提升产业链韧性和安全水平的"内"与"外"关系

提升产业链供应链韧性和安全水平，是围绕发展新质生产力布局产业链的关键一环。有观点认为，"开放环境不利于产业链供应链自主可控，解决不了核心零部件和关键技术依赖进口难题"，这是对产业分工合作"内"与"外"关系的误读。这一认识误区可能带来的行动偏差是，在产业政策导向上过于强调全产业链发展，对那些本可以稳定利用市场分工的环节盲目"建链""补链"，搞低水平重复建设，甚至强调全产业链全产品全部自产以求"稳链"。

提升产业链韧性和安全水平要避免进入这一误区，这就需要准确理解产业链供应链的经济本质。高度的专业化分工是现代市场经济基本特征，在分工基础上形成的产业上下游合作，构成了产业链供应链关系。一般而言，企业会选择把其中一部分生产环节放到企业组织内部生产，另一部分则交由市场体系中的供应链。企业在产业链哪个环节从事生产，是在比较了企业内组织成本与市场交易成本之后选择的结果。不同企业选择在不同专业化环节生产，进而由市场机制协调产业链供应链。市场机制协调成本越低，专业化分工就越细致。党的二十大报告提出"加快发展物联网，建设高效顺畅的流通体系，降低物流成本"以及"优化基础设施布局、结构、功能和系统集成，构建现代化基础设施体系"，都有助于大幅降低市场机制运行的制度性交易成本。在这样的趋势下，企业可以把人力、物力和财力更多聚焦于产业链的关键环节，而把非核心环节交由市场处理。

在这样的逻辑下，如果对可以稳定利用市场分工的环节盲目"建链""补链"，其实是逆市场分工和反市场效率的表现。过度强调全产业链全产品全部自产以求"稳链"，也是不现实的。一个不可回避的事实是，实现关键核心技术自主可控，发展新质生产力，也仍然需要高度开放合作的全球市场分工体系。唯有更加务实的开放合作，国际经贸往来的制度性交易成本才能不断降低。深度参与全球产业分工体系，才能让我们心无旁骛地聚焦关键技术和关键环节进行攻坚。

第六讲

构建新质生产力评价体系

新质生产力评价体系是评判生产力发展水平的重要依托。评价体系的建立和应用可以帮助政府机构和企业更好地把握新质生产力的核心要素和关键指标，从而更准确地评估其对经济发展、就业创造、社会福利和生态环境的影响。

新质生产力本质上是一种先进生产力，具体来说，新质生产力是指在科技创新推动下，通过改变生产方式、提高生产效率和质量，实现经济增长的新动力。新质生产力代表了生产力的跃迁和质变，强调生产力的科技内涵。在当前全球经济竞争日益激烈的背景下，科技创新成为推动经济发展的重要引擎。科学技术进步以非线性的方式迅速推动社会生产力发展，这种发展方式不仅仅是在现有技术基础上的渐进式推进，而是通过创新和突破，加快新技术、新产品、新模式的研发和应用，从而实现生产力的质态跃升。

目前国内已经涌现出一系列有关新质生产力的文献，这些文献对于深入研究和理解新质生产力具有重要参考价值。通过仔细梳理这些文献，可以得出，目前关于新质生产力的研究和讨论，学界基本上聚焦于内涵界定[①]、

---

① 参见周文，许凌云.论新质生产力：内涵特征与重要着力点[J].改革，2023，(10)：1-13；姜奇平.新质生产力：核心要素与逻辑结构[J].探索与争鸣，2024，(01)：132-141+179-180；任保平，豆渊博.全球数字经济浪潮下中国式现代化发展基础的多维转变[J].厦门大学学报（哲学社会科学版），2024，74（01）：12-21；洪银兴.发展新质生产力建设现代化产业体系[J].当代经济研究，2024，(02)：7-9；韩喜平，马丽娟.新质生产力的政治经济学逻辑[J].当代经济研究，2024，(02)：20-29，等等.

要素特质①、发展路径②、功能取向③四方面，但是，鲜有学者从评价体系的角度，考虑界定新质生产力的标准和规则，仅有极少数学者从新质劳动者、新质劳动资料和新质劳动对象三个维度构建了新质生产力水平指标测度体系。④本讲尝试另辟蹊径，力图为新质生产力构建一个科学客观的评价体系。

为了寻求评价体系的构建维度，我们聚焦于"新质"，对其内涵进行分析。蒲清平等提出，新质生产力服务于能够实现当前利益与长远利益相协调，经济效益、社会效益和生态效益相统一的高质量发展。⑤蒋永穆等认为，新质生产力的"新"表现为新要素、新技术、新产业；"质"表现为高质量、多质性、双质效；"新"和"质"相结合的生产力，当前主要表现为数字、协作、绿色、蓝色和开放五大生产力。⑥黄群慧等指出，

---

① 参见赵峰，季雷.新质生产力的科学内涵、构成要素和制度保障机制［J］.学习与探索，2024，（01）：92-101+175；黄群慧，盛方富.新质生产力系统：要素特质、结构承载与功能取向［J］.改革，2024，（02）：15-24；贾丽民，郭潞蓉.唯物史观视域下"新质生产力"的主体动力源探析［J］.理论探讨，2024，（02）：86-94，等等.

② 参见魏崇辉.新质生产力的基本意涵、历史演进与实践路径［J］.理论与改革，2023，（06）：25-38；沈坤荣，金童谣，赵倩.以新质生产力赋能高质量发展［J］.南京社会科学，2024，（01）：37-42；张辉，唐琦.新质生产力形成的条件、方向及着力点［J］.学习与探索，2024，（01）：82-91；蒋永穆，乔张媛.新质生产力：逻辑、内涵及路径［J］.社会科学研究，2024，（01）：10-18+211；王文泽.以智能制造作为新质生产力支撑引领现代化产业体系建设［J］.当代经济研究，2024，（02）：105-115；盛朝迅.新质生产力的形成条件与培育路径［J］.经济纵横，2024，（02）：31-40，等等.

③ 参见李政，廖晓东.发展"新质生产力"的理论、历史和现实"三重"逻辑［J］.政治经济学评论，2023，14（06）：146-159；黄群慧，盛方富.新质生产力系统：要素特质、结构承载与功能取向［J］.改革，2024，（02）：15-24，等等.

④ 王珏，王荣基.新质生产力：指标构建与时空演进［J］.西安财经大学学报，2024，37（01）：31-47；朱富显，李瑞雪，徐晓莉等.中国新质生产力指标构建与时空演进［J］.工业技术经济，2024，43（03）：44-53.

⑤ 蒲清平，向往.新质生产力的内涵特征、内在逻辑和实现途径——推进中国式现代化的新动能［J］.新疆师范大学学报（哲学社会科学版），2024，45（01）：77-85.

⑥ 蒋永穆，乔张媛.新质生产力：逻辑、内涵及路径［J］.社会科学研究，2024，（01）：10-18+211.

现代化产业体系是新质生产力的结构承载，新质生产力呈现的创新驱动、绿色低碳、开放融合和人本内蕴四大特征，将通过现代化产业体系的基本特性表现出来。①

新质生产力评价体系是评判生产力发展水平的重要依托。评价体系的建立和应用可以帮助企业和政府机构更好地把握新质生产力的核心要素和关键指标，从而更准确地评估其对经济发展、就业创造、社会福利和生态环境的影响。结合上述分析，我们可以从经济效益、社会效益和生态效益三个维度给出衡量准绳，以求客观全面地评估新质生产力的形成。具体来说，在经济、社会、生态三个维度下，结合中国经济发展事实，选取一级定性指标和二级定量指标，这些指标应当体现新质生产力具有的创新性、竞争力、包容共享和可持续性等特征。评价体系的建立具有多方面作用。经济效益方面，评价体系可以帮助企业更好地把握市场需求和竞争环境，提高生产效率和产品质量，实现经济效益最大化；在社会效益方面，评价体系可以帮助企业和政府机构更好地关注员工福利、社会责任和公益事业，促进社会和谐发展；在生态效益方面，评价体系可以帮助企业更好地实现资源节约和环境保护，推动可持续发展。因此，新质生产力评价体系的建立和应用对于促进经济增长、改善社会福利和保护生态环境具有重要意义。

一、构建经济效益评价体系

新质生产力通过引入新技术、新设备或新业态等手段，提高生产效率和质量，从而带来经济效益的增长。这种经济效益体现在多方面，首

---

① 黄群慧，盛方富.新质生产力系统：要素特质、结构承载与功能取向[J].改革，2024，（02）：15-24.

先是降低生产成本。新质生产力的应用可以减少人力和物力资源浪费，提高生产效率，降低生产成本，从而提高企业竞争力。其次是提高产品质量。新技术和设备的应用可以提高产品的质量稳定性和一致性，减少次品率，提升产品的市场竞争力。此外，新质生产力还可以促进企业的创新能力和市场开拓能力，推动企业不断发展壮大。因而，从经济效益角度来看，新质生产力评价体系应该考虑多个因素，包括总体生产效率、科技创新水平、产业结构水平、数字化水平以及国际市场状况。

总体生产效率是新质生产力评价的重要方面，它以全要素生产率为核心指标，而全要素生产率衡量的是除去所有有形生产要素以外的纯技术进步的生产率的增长。科技创新水平则是新质生产力的基础，产业结构水平是新质生产力的重要依托，数字化水平是新质生产力形成的重要标志。另外，先进生产力的出现将为国际市场带来新的机遇和挑战。因此，上述维度将纳入新质生产力评价体系的考量范围，从这些方面再选取定量指标。

（一）总体生产效率

新质生产力本质上是在生产过程中应用新技术、新理念和新模式，通过科技创新提升生产效率，为经济体带来新的发展动力。它不仅仅是传统生产力的延伸和提升，更是一种全新的生产力形态。新质生产力将为经济体注入新的动力和活力，实现生产要素高效利用，从而提高全要素生产率。全要素生产率（TFP）是度量经济单元生产效率的重要工具，是衡量要素投入对经济增长的贡献的一个重要手段[1]，该指标实际上反映的是生产过程中无法被定量衡量的那些因素的贡献，这些因素包括技术、制度、人力资本、企业家才能、产业结构等。当一个经济体能够形成新

---

[1] 刘秉镰，李清彬.中国城市全要素生产率的动态实证分析：1990—2006——基于DEA模型的Malmquist指数方法［J］.南开经济研究，2009，（03）：139-152.

质生产力时，其全要素生产率必然会得到提高。全要素生产率作为新质生产力的评价标准具有一定的合理性和可行性。首先，相比传统的单一要素生产率评价方法，全要素生产率更加全面和准确地反映了生产过程中各要素的综合贡献，客观反映出经济体生产效率水平和整体发展态势，从而有利于更加全面地评估新质生产力对经济效益的贡献；其次，全要素生产率能够科学地反映出无法定量测量因素对经济增长的贡献，为决策者提供重要参考依据；最后，全要素生产率作为评价标准能够促使经济体不断追求创新和技术进步，从而推动经济可持续发展。

（二）科技创新水平

创新是推动新质生产力发展的关键驱动力，而科技则是其基础，因而，科创水平是评估新质生产力的关键指标之一。对新质生产力的评估在科创水平方面主要从投入和成果两方面进行指标选择。在投入方面，一个重要指标是研究与试验发展（R&D）经费投入强度；而在成果方面，主要使用人均专利授权量来度量。具体来说，R&D经费投入强度是产业部门的研究与试验发展经费支出与国内生产总值（GDP）的比值，一般来讲，R&D经费包含三种类型，分别是基础研究经费、应用研究经费和试验发展经费。这个指标反映了国家或地区在科技研发方面的投入程度，国际上通常采用R&D活动的规模和强度指标反映一国的科技实力和核心竞争力，较高的研发经费投入强度通常意味着有更多的资金和资源用于研发活动，从而推动了新质生产力的发展。人均专利授权量则通过计算每个人口单位的专利授权数量，反映一个国家或地区在知识产权保护和创新能力方面的水平，较高的人均专利授权量意味着在新质生产力形成过程中取得了较多的创新成果，并且这些成果得到了专利保护。总之，通过综合考虑投入和成果两方面的指标，可以更全面地评价一个国家或地区的科技创新水平，两者相互补充，帮助我们更好地了解科技创新的发展情况。

（三）产业结构水平

新质生产力主要存在于战略性新兴产业和未来产业中。伴随科技进步和全球经济发展，战略性新兴产业和未来产业已经成为推动经济发展方式转型升级的关键力量。这些产业以其高度创新性、高附加值和高技术含量而备受关注。它们涵盖了人工智能、生物技术、新能源、新材料等领域，具有巨大发展潜力和广阔市场前景。战略性新兴产业和未来产业的兴起，不仅推动了传统产业的转型升级，还催生了一批新的产业链和价值链。这些产业链和价值链的形成，不仅带动了相关产业的发展，还促进了整个经济体系的协同发展。

在此，为衡量产业结构水平，我们可以选取战略性新兴产业增加值占国内生产总值（GDP）的比重和机器人产量两个指标。首先，战略性新兴产业增加值占GDP的比重反映了战略性新兴产业对经济增长的贡献程度。当战略性新兴产业增加值占GDP比重较高时，说明国家或地区的产业结构更加先进和多元化，呈现高端化和智能化的特征，具备较强的创新能力和竞争力。其次，机器人产量的增长趋势能够反映一个国家或地区在高科技制造业和自动化领域的发展水平。较高的机器人产量表明国家或地区在产业结构优化和技术创新方面取得了积极进展。通过综合考虑两个指标，我们能够更全面地评估一个国家或地区的产业结构水平。

（四）数字化水平

新质生产力与数字经济具有天然契合性。新质生产力的涌现和数字经济的蓬勃发展相辅相成，相互促进。数字经济为新质生产力的培育提供了广阔的空间和机遇，而新质生产力的不断涌现也为数字经济发展提供了源源不断的动力和支撑。从产业构成的角度，新质生产力所涉及的新能源、新材料、高端装备、航空航天等战略性新兴产业以及人形机器人、元宇宙、脑机接口等未来产业，都具有较高的数字化程度。从生产要素的角度，数据要素作为数字经济的核心要素之一，具有非竞争性、非独立性和易传播性[1]，数据要素与其他生产要素协同联动并渗透生产、分配、流通、消费各环节，将显著促进生产资料的提质升级[2]，提高生产效率。数字经济的发展还能够带动新的商业模式和产业生态的形成，推动经济创新和升级。因而，数字经济在新质生产力发展中扮演着重要的角色。

衡量数字经济发展水平主要依靠数字经济指数（DEI）、数字产业化规模和产业数字化规模这三项指标，基于数据可得性和有效性考虑，这些指标能够评估一个国家或地区的数字化水平。中国数字经济指数（DEI）作为新经济系列指数（NEI）的子指数，能够反映数字化的整体水平，该指数是由财新数联研发，按月度发布的景气合成指数，景气指数反映的是与基期相比的经济景气状态。2024年1月，财新BBD中国数字经济指数（DEI）环比下降4.7%，录得488。另外，数字产业化规模则主要关注数字经济在国民经济中的比重和贡献度，反映数字经济对整体经济的影响力和发展程度。产业数字化是经济发展新动能的重要源泉，产业数字化规模更侧重于各个产业部门内部数字化程度的评估，能够揭示不同产业领域数字化水平的差异和发展状况。中国信息通信研究院的测算显示，2022年数字经济总规模50.2万亿元，占GDP比重达到41.5%。其中，数字产业化规模9.2万亿元（占数字经济的18.3%），产业数字化规模41.0万亿元（占数字经济的81.7%）。综合考量这三项指标，可以全面

---

[1] 翟绪权,夏鑫雨.数字经济加快形成新质生产力的机制构成与实践路径[J].福建师范大学学报（哲学社会科学版）,2024,（01）：44-55+168-169.

[2] 纪玉山,代栓平,杨秉瑜等.发展新质生产力推动我国经济高质量发展[J].工业技术经济,2024,43（02）：3-28.

客观地评估一个国家或地区的数字化水平。

（五）国际市场状况

评价体系还应该考虑到新质生产力对国际竞争力的影响。新质生产力的引入能够提高企业竞争力，促进国内产业升级和国际市场拓展，从而增加出口和国际收支盈余。因此，我们将出口总额这一指标纳入新质生产力评价体系。出口总额作为一个重要的经济指标，反映了一个国家或地区的对外贸易活动和国际竞争力，将出口总额纳入新质生产力评价体系，可以更全面地评估一个国家或地区的经济发展水平和产业竞争力。通过对出口总额的监测和分析，可以及时发现产业结构调整的趋势，指导政府制定相关政策，促进经济可持续发展。同时，出口总额也可以作为评价企业绩效和市场竞争力的重要指标，帮助企业更好地把握市场需求，提高产品质量和竞争力。因此，将出口总额纳入新质生产力评价体系，有助于提升经济发展的整体效益和国家竞争力。

二、构建社会效益评价体系

从宏观视角来看，新质生产力的形成可以推动整个产业的发展。通过引入新技术、新设备和新管理方法，企业能够提高生产效率和产品质量，进一步推动相关产业的创新和发展。这种发展带来就业机会增加和经济增长，从而改善人们的生活质量，提升社会整体福祉。因而，从社会效益视角来看，评价体系应该从就业创造、社会公共服务、社会福利水平三个维度寻求新质生产力的评价指标。

当今社会，传统的评价体系已经不能完全适应社会发展的需求，因此需要从更广泛的角度出发，考虑到社会效益的方方面面。首先，新质生产力的形成不仅可以提高生产效率，还能创造更多的就业机会。新质生产力的出现，需要更多人才参与研发、生产和运营，从而推动了就业市场发展。同时，新技术应用也带来了新的产业和商机，为就业提供了更广阔的空间。其次，新质生产力的形成为社会公共服务的优质化和便捷化提供了技术支持和保障，并不断满足人民日益增长的美好生活需要，与此同时，社会福利水平也会得到提高。

（一）就业创造

近年来，随着我国经济社会的快速发展和产业转型升级，各种新产业、新平台和新模式纷纷涌现。这些新兴领域涵盖了互联网、生活服务、科技创新、文化创意和独立创业等，同时也吸引着越来越多的劳动力加入其中。这里主要选取净增城镇就业和未来就业预期指数两项指标。

将净增城镇就业和未来就业预期指数纳入新质生产力评价体系，有助于从一个地区的就业情况和就业环境的视角评估新质生产力的形成。这两个指标可以提供关于就业机会、劳动力市场活跃度和人们对未来就业的信心方面的信息。首先，城镇就业是一个国家经济发展的重要指标，直接关系到人民群众的生活水平和社会稳定。净增城镇就业是指新增的城镇就业人数减去失业人数的差额。该指标可以反映新质生产力对就业市场的影响。其次，未来就业预期指数是央行在储户调查中加入的对未来就业市场预期的调查，对20000名储户调查数据编制。未来就业预期指数属于就业景气类指标，主要反映劳动力市场预期和情绪状况，同时往往能够获得连贯的较长时期的时间序列数据，便于对就业市场进行分析。就业是最大的民生，因此将以上两项指标纳入评价体系，有助于提高评价的全面性和准确性。

（二）社会公共服务

发展新质生产力对提升社会公共服务发挥重要推动作用。通过提高效率和质量、扩大覆盖范围和提高可及性、促进创新和升级，可以使公共服务更加优质、高效，满足人们的多样化需求。这里主要关注教育、医疗和基础设施三方面，并选取了不同的评估指标来进行分析。

在教育领域，新质生产力的出现，为教育领域带来了更多的可能性，例如，在线教育、智能教育等新模式的出现，使得教育更加普惠和高效，实现了教育资源的共享和优化配置。因此，将平均受教育年限纳入评价体系，可以更好地把握新质生产力对教育领域的影响。一方面，新质生产力的形成需要依赖人力资源的培养和发展，而这就需要充分的教育资源和高素质劳动力。平均受教育年限较高的国家或地区通常拥有更多高素质人才，他们具备先进的知识和技能，能够更好地匹配形成新质生产力的要求。另一方面，新质生产力的发展也会促进教育进一步发展。随着新技术应用和产业结构变革，对劳动力的需求也在不断变化。为了适应新的生产方式和岗位需求，人们必须持续学习，这就推动了教育的进一步改革和创新，提高了平均受教育年限。因此，将平均受教育年限纳入新质生产力的评价体系，可以更全面地评估一个国家或地区在新经济时代所具备的人力资源和教育水平，为实现可持续发展和经济增长提供有力支撑。

在医疗保障领域，新质生产力的引入，不仅可以提升医疗卫生机构的服务效率和水平，还能够促进医疗资源的合理配置和利用，提升医疗服务的可及性，进一步推动医疗领域的发展和进步，这里主要选取每千人口医疗卫生机构床位数这一指标来评估，该指标能够反映医疗资源供给情况和医疗服务的可及性。医疗卫生机构床位数的增加往往能够提高医疗服务的覆盖率和质量，从而为人民群众提供更加优质和便捷的医疗服务，有效改善人民群众的健康水平。

在基础设施建设方面，我们重点考虑数字基础设施，并选取人均互联网宽带接入端口数作为评估指标。这一指标能够反映互联网基础设施的建设和普及情况。若人均互联网宽带接入端口数增加，说明新质生产力的应用促进了互联网基础设施的建设和普及，有助于提升信息通信的效率和便捷性。

（三）社会福利水平

新质生产力的形成往往与社会福利的改善相伴而行。此处，我们主要选取人均可支配收入和衡量居民间收入差距的基尼系数两个指标来评估新质生产力。人均可支配收入是衡量经济发展水平和居民生活水平的重要指标，它反映了人们在消费和储蓄方面的可支配能力。当新质生产力形成时，经济效益增加，人们的收入水平也会相应提高，从而改善居民的生活水平。基尼系数用来衡量收入分配的不平等程度。基尼系数越小，说明收入差距越小，社会的收入分配更加均衡，社会稳定性也相对较高。随着新质生产力的发展，经济创造力得到释放，就业机会增加，收入分配也更加公平，从而降低了社会的收入不平等程度。通过同时综合考虑人均可支配收入和基尼系数这两个指标，可以从社会福利角度审视新质生产力形成带来的影响。人均可支配收入反映了居民的实际收入水平，而基尼系数则反映了收入分配的公平性。只有当新质生产力的发展既提高人们的收入水平，也减小收入差距时，才能真正实现社会福利的改善。

三、构建生态效益评价体系

绿色发展是高质量发展的底色，新质生产力本身就是绿色生产力。绿色发展不仅仅是简单地追求经济增长，更重要的是要实现经济、社会和环境的协调发展。新质生产力作为推动绿色发展的重要力量，通过技术创新和产业升级，实现了资源利用的高效化和环境污染的减少。因此，绿色发展与新质生产力密不可分，二者相辅相成，共同推动社会经济可持续发展。我们要坚持"绿水青山就是金山银山"的发展理念，不断培育和发展新质生产力，助力碳达峰碳中和。

从生态效益视角来看，与传统生产力相比，新质生产力强调绿色发展对生产力的引领作用，旨在实现经济增长和环境保护的双赢。因此构建新质生产力的评价体系首先应该关注能源消耗，其次应考虑废物排放，最后还要考虑生态系统的健康状况。新质生产力的发展应该与生态系统的保护和恢复相结合，以确保生态系统可持续发展。

（一）能源消耗

新质生产力注重高质量发展，更加注重资源节约和环境保护，具有可持续发展优势。2024年全国能源工作会议提出，以更大的力度来打造新质生产力，努力推动能源事业走在中国式现代化前列。[①]因而，在落实"双碳"任务，加快推进能源绿色低碳转型中，新质生产力将发挥重要作用。在评价体系中，我们选取能源消费弹性系数和可再生能源电力消纳量与全社会用电量的比值两个量，作为新质生产力的评估指标。能源消费弹性系数是能源消费增长速度与国民经济增长速度之间的比值，反映了能源消费对经济增长的敏感程度，其数值越高意味着经济增长对能源消费的依赖程度越高，反之则说明经济增长对能源消费的依赖程度较低。可再生能源电力消纳量与全社会用电量的比值反映了一个国家或地区在能源消费中可再生能源所占比例的大小。这个比值越高，说明该国家或地区在能源消费中使用了更多可再生能源，也意味着该国家或地区更加注重环保和可持续发展。因此，我们认为能源消费弹性系数和可再生能源电力消纳量与全社会用电量的比值是评估新质生产力的有效指标，两

---

① 2024年全国能源工作会议在京召开［N］.中国能源报.2023年12月22日.

项指标综合考量了经济增长、能源消费和环境保护等多方面因素，进一步来讲，也可以更好地指导新质生产力的形成与发展，为实现经济可持续发展和生态文明建设提供有力支撑。

（二）废物排放

废水排放、废气排放、固体废弃物排放和绿化面积等是以往环境治理效率评价研究中最常用的环境分类治理指标集。在相关研究基础上[①]，我们将选取全国工业污染治理完成投资总额中的三项指标——治理废水、治理废气和治理固体废物——作为新质生产力评估指标。近年来，我国在工业污染治理方面的投资金额呈现出不断减少的态势。根据国家统计局数据，2022年全国环境污染治理投资总额为9013.5亿元，占国内生产总值（GDP）的0.7%，其中，工业污染治理废气完成投资总额为198.43亿元，同比下降10.66%；工业污染治理废水完成投资总额为37.72亿元，同比增加4.43%，但相比2020年下降了34.27%；工业污染治理固体废物完成投资总额为6.03亿元，同比下降64.75%。

通过将这些指标作为新质生产力的评估指标，我们可以更全面地评估企业在工业三废处理方面的绩效，有助于推动企业改善环境质量和提高生产效率。此外，将工业污染治理完成投资总额纳入新质生产力评估体系，可以更好地指导工业企业生产经营，促进工业污染治理工作深入开展，还可以为政府和相关部门提供重要的决策依据，实现经济发展和环境保护双赢局面。

---

① 参见李洪伟，任盈盈，陶敏.中国环境治理投资效率评价及其收敛性分析［J］.生态经济，2019，35（04）：179-184；王爱玲，李雷鸣.两阶段生产系统下我国省际生态效率评价研究［J］.统计与决策，2019，35（08）：93-97；叶菲菲，杨隆浩，王应明.区域环境污染强度测算及其分类治理效率评价研究［J］.系统科学与数学，2020，40（06）：984-1003，等等.

（三）生态系统健康状况

新质生产力在促进生态系统健康状况方面发挥着重要作用。传统生产方式常常导致资源浪费和环境污染，而新质生产力的应用则能提高资源利用效率和减少废弃物的产生。通过推动绿色生产和循环经济，新质生产力有助于降低对自然资源的依赖，减少能源消耗和排放的污染物，从而改善生态系统的健康状况。我们主要选取全国万元国内生产总值二氧化碳排放和生态系统质量指数（EQI）两个指标参与新质生产力评估。

首先，全国万元国内生产总值二氧化碳排放是衡量经济发展与环境影响之间关系的重要指标。它反映了每增加一万元国内生产总值所伴随的二氧化碳排放量。其次，生态系统质量指数（EQI）反映区域生态系统质量整体状况，指标体系包括生态系统稳定指数、生态系统功能指数、生态系统胁迫指数，三个指数分别反映生态系统的健康程度、生态系统服务能力和生态系统受到胁迫状况，三个指数综合构建生态系统质量指数。根据生态系统质量指数，生态系统质量分为五级，即优、良、中、低、差。生态环境部每年会通过《中国生态环境状况公报》披露相关数据。选取这两个指标参与新质生产力评估的目的在于综合考虑经济发展与环境保护之间的关系。通过分析二氧化碳排放和生态系统质量的数据，我们可以更全面地评估新质生产力的形成，并为制定相关政策和措施提供科学依据。

四、小结

新质生产力是经济发展的重要驱动力。总体来说，新质生产力本质上是生产力的质态跃升，核心是以科技创新推动产业升级，支柱是战略性新兴产业和未来产业，目标是促进产业高端化、智能化、绿色化。我们从经济效益、社会效益、生态效益三个维度考量，选取重要一级定性指标，进一步细化出具体定量指标，尝试为新质生产力的评估构建一个科学客观的评价体系。我们一共选取了23个定量指标，以期通过综合评价体系，可以为政府制定产业政策、企业进行战略规划和社会各界进行决策提供科学依据，更重要的是可以提供新质生产力的界定标准。后续我们将在此评价体系下，进一步确定各指标的权重，进而代入数据计算出结果，利用此评价体系考察新质生产力是否形成。

综上所述，只有准确把握新质生产力的核心要素和关键指标，才能推动产业结构优化升级，实现经济持续健康发展，确保中国特色社会主义巍巍巨轮行稳致远。

表6-1 新质生产力评价体系

维度	一级指标	二级指标
经济效益	总体生产效率	全要素生产率（TFP）
	科技创新水平	R&D经费投入强度
		人均专利授权量
	产业结构水平	战略性新兴产业增加值占国内生产总值（GDP）的比重
		机器人产量
	数字化水平	数字经济指数（DEI）
		数字产业化规模
		产业数字化规模
	国际市场状况	出口总额
社会效益	就业创造	净增城镇就业
		未来就业预期指数
	社会公共服务	平均受教育年限
		每千人口医疗卫生机构床位数
		人均互联网宽带接入端口数
	社会福利水平	人均可支配收入
		基尼系数

续表

维度	一级指标	二级指标
生态效益	能源消耗	能源消费弹性系数
		可再生能源电力消纳量与全社会用电量的比值
	废物排放	工业污染治理完成投资总额：治理废水
		工业污染治理完成投资总额：治理废气
		工业污染治理完成投资总额：治理固体废物
	生产系统健康状况	全国万元国内生产总值二氧化碳排放
		生态系统质量指数（EQI）

来源：作者整理

第七讲

国外发展新质生产力的经验借鉴

通过对世界主要经济体尤其是美国、德国、日本等发达经济体在战略性新兴产业与未来产业的战略布局及主要举措进行研究，可以更好地为我国发展新质生产力提供有力借鉴与启示。

随着新一轮科技革命和产业变革的深入演进，新兴产业和未来产业正在成为引领未来经济社会发展的重要推动力。新质生产力的本质是创新驱动，当今世界，主要发达国家都把推动前沿技术创新作为抢占科技制高点和开辟新赛道的主要路径。为了赢得发展先机、抢占世界科技和产业竞争的制高点，世界主要经济体纷纷加强对战略性新兴产业与未来产业的谋划布局，出台相关发展战略，加大支持和投入力度。通过对世界主要经济体尤其是美国、德国、日本等发达经济体在战略性新兴产业与未来产业的战略布局及主要举措进行研究，可以更好地为我国发展新质生产力提供有力借鉴与启示。

一、美国：积极布局新兴产业和未来产业，增强国际竞争力

美国作为世界上唯一的超级大国，为保持其经济技术实力的全球领先地位，一直以来都大力推动各类高新技术产业发展。美国早就明确，科学技术决定制造业生产率和竞争力。美国第一任财政部部长亚历山大·汉密尔顿在1791年的《关于制造业报告》中敦促国会基于经济和军事原因，支持标准化可互换部件技术，建立以规模化生产为标志的美国制造体系。20世纪30年代，罗斯福新政将工业复兴作为重要内容，大力建设公共交通、电信基础设施，促进制造业技术创新。20世纪70—80年代，日本制造业技术和竞争力快速提升，美国基于维护国内制造业

特别是半导体技术领先地位的需要，采取多种措施如惩罚性关税、进口限制等，保护国内制造业免受日本商品竞争。进入21世纪特别是2008年国际金融危机以来，尽管美国制造业占比和生产率在全球仍处于高水平，但2010年以来持续降低，结束了长达数十年的增长趋势。这种态势引发了朝野各方面对美国制造业实力的担忧，很多人认为离岸外包致使美国企业和消费者变得容易受到供应链中断和不稳定的冲击，进而对美国制造业竞争力和国家安全产生不利影响。这促使联邦政府接连发布多项计划、战略，制定一系列政策，支持新兴产业与未来产业的发展。

（一）积极布局未来产业

为了在新一轮科技革命和产业变革中确保在技术和创新方面的领导地位，美国加快了对未来产业布局的步伐。2019年2月美国白宫科技政策办公室（OSTP）发布的《美国将主导未来产业》报告中将未来产业作为国家战略，重点发展量子信息科学、人工智能、先进通信网络/5G、先进制造和生物技术五个领域。美国《2021财年政府研发预算优先事项》和《2022财年政府研发预算优先事项和全局行动备忘录》均提出保持未来产业领先地位，强调支持未来工业、能源环境、空天科技等领域基础和应用研究。2021年《美国就业计划》中提出投资1800亿美元以研发未来技术；并认为随着时间推移，未来技术的突破会带来新的商业、新的就业和新的出口。2021年3月美国众议院科学委员会提出的《NSF未来法案》中计划向未来产业投入726亿美元。《无尽前沿法案》提出投入1000亿美元发展未来产业相关的新兴技术群。2022年基础设施建设计划中，未来产业是投资重点，同时为前沿技术提供场景测试、标准制定支持以促进技术转化。

表7-1 美国未来产业布局重点领域

未来产业领域	发展意义
量子信息科学	量子信息科学技术通过对微观粒子进行精确的量子操控,能够突破经典信息技术的限制,应用包括量子计算机、智能手机芯片、GPS导航设备及由MRI机器生成图像等
人工智能	人工智能允许计算机和其他机器从经验中学习并模拟人的某些思维过程和智能行为,协助和替代人在传统生产生活中的作用,应用领域不断扩大
先进通信网络/5G	通信网络是实现人机物互联的网络基础设施,5G具有高速率、少时延、大连接和低成本的特点,使得万物互联成为可能,是物联网、无人驾驶及VR等新兴领域发展的基石
先进制造	先进制造将数字技术、现代管理技术及高新机械材料等前沿技术综合应用于高科技制造业产品生产的全过程,生产力水平显著提高,形成了全新产业
生物技术	生物技术结合现代生命科学理论和其他先进理论技术,对生物体进行加工和改造,研究生命活动的规律并提供产品,在人口健康、粮食安全和生态环境等方面的作用日益凸显

来源:作者整理

(二)新兴产业集聚特征突出,产业生态完善

美国战略性新兴领军企业分布在33个州及华盛顿特区,包括"锈带"地区的部分州,覆盖率高达66.7%。其中,拥有企业数量最多的为加利福尼亚州,共24家,包括20家新一代信息技术企业;涉及领域最多的为得克萨斯州,涵盖新一代信息技术、高端装备制造、节能环保、生物、新材料五个产业。同时,各地区企业的产业链协同效应好,如以硅谷为代表的产业集群拥有完备的产学研用体系、良好的产业基础和配套设施,聚集了几十家全球IT巨头和数百家中小型高科技公司,业务遍及云、网、端以及软硬件等信息技术产业各个环节和领域。

集群化是世界各国新兴产业成长的明显趋势，是形成区域经济竞争力，有效提高生产力和经济效益的重要途径。美国通过各类发展计划与政策扶持，以及推动企业、人才、风险投资、特色文化、市场需求等各类要素在区域内的融合，成功发展了众多世界知名的创新集群。如由"钢铁之都"转型为高新技术集群的宾夕法尼亚州匹兹堡城市群、以生物技术为代表的北卡罗来纳州三角研究园区域集群、从"世界橡胶之都"发展成为全球"聚合物谷"的俄亥俄州阿克伦城市群等。硅谷是集群发展和创新的典范：在人才方面，区域内有著名的斯坦福大学、加州大学伯克利分校、圣克拉拉大学等世界一流大学和一批优秀的研究机构。在资金方面，硅谷是全美风险投资最集中的地区，汇集了全球最大、最多的风投公司，对于高新技术和高利润行业具有敏锐的嗅觉，并拥有成熟的资本运作和企业孵化体系。在文化方面，硅谷具有独特而有魅力的文化氛围，包容性极强并富有冒险精神，创业创新的气氛十分浓厚。同时，联邦和州政府的资助、促进高技术移民的联邦法律、各部门之间的充分协作也发挥了重要作用。硅谷是电子工业和计算机业的王国，作为世界高新技术创新和发展的开创者和中心，该地区的风险投资占全美风险投资总额的三分之一。

（三）联邦机构牵头组建研发平台

尽管美国的市场化程度可能是世界上最高的，但长期以来，上自联邦政府下到州政府，各级政府机构一直在支持技术创新方面发挥着主要作用，而且政府的运作同市场力量运行保持相互呼应。这意味着通过有效的设计，政府政策可以作为市场力量的补充。美国促进先进制造业科技创新的计划和战略一般由专门的联邦机构牵头组织实施。相关联邦机构不仅在财政资金分配方面有相当的话语权，而且肩负着组织带动公司、科学家、工程师、风险投资家、大学实施计划的重任。最典型的例子是，为应对苏联发射第一颗人造卫星的挑战，美国国防部创设了国防高级研究计划局（DARPA）。作为创新的早期投资者和促进者，DARPA凭借高效的组织架构、灵活的研究团队和高度自主的授权机制，为精密武器、隐形飞机等军用高新技术的研发和硅谷的形成做出了贡献，并促成了互联网、自动语音识别、语言翻译和全球定位系统接收器等民用技术创新。不回避高风险项目并容忍失败，是DARPA成功的关键。以DARPA为蓝本，美国能源部2007年成立了高级研究计划署（ARPA-E），以满足对清洁和负担得起的能源解决方案的需求。ARPA-E主要资助高潜力、高影响力的能源技术，这些技术对私营部门投资来说风险过高、为时过早。采用类似的方法，2006年美国卫生与公共服务部设立生物医学高级研究与发展局（BARDA），资助针对生物恐怖主义和新出现疾病的抗病毒药物和医学对策研究。自新冠疫情大流行大暴发以来，该机构受到了特别关注，被视为有针对性创新的一个例证。

（四）发挥产业联盟的协同作用

美国1985年失去全球集成电路第一大国地位后，美国朝野各界虽然对日本集成电路产业取得成功的原因有不同认识，但一致认为，日本企业的成功，就是美国企业的失败。为了全面恢复美国在全球集成电路产业的统治地位，美国政府与企业紧密合作，在《美日半导体协议》等政策的"掩护"下，美国集成电路企业通过创造新兴市场需求、重构全球生产体系等手段，在微处理器（MPU）等快速增长的新兴集成电路产品上占得先机，于1993年重返世界第一，并将领先优势保持到2000年。在这次转移的背后，产业联盟力量发挥了至关重要的作用。在科技政策方面，1987年，14家美国集成电路企业共同组建了半导体制造技术战略联盟（SEMATECH），联邦政府每年资助1亿美元研究经费。该联盟通过减少重复投资提高了美国企业的生产率，并在降低分散研究之间的交易成本及培育产品制造企业和设备供应商之间的协作关系上发挥了重要作用。

再如，美国的再工业化是由大企业主导，行业协会推进，政府顺应需求为其提供战略和政策支持，其自下而上的需求传导机制值得关注。如GE公司提出工业互联网的概念，并联合其他企业共同组建了美国工业互联网联盟，推动政府出台了国家战略和产业政策。

（五）以政府采购促进技术创新

自1933年《购买美国商品法》颁布以来，美国联邦政府多次制定类似法律，要求联邦机构和州政府优先购买美国国内生产的产品和服务。特别是当采购超过特定阈值时，购买国产产品和服务是联邦机构的法律要求。联邦采购不仅为美国制造的产品创造了有保证的需求，而且将公共采购作为促进企业研发的手段，对高风险技术研发及转化应用进行大量投资，降低了企业开发研究和商业化应用的不确定性，激发了企业从事研发和在国内生产关键产品的积极性。与此同时，联邦机构如国防部和国家航空航天局，通过竞争性研发拨款和合同资助有风险的研发以及非竞争性采购合同等方式，激励研发竞赛的获胜者，获得了大量在此过程中转化生产的技术和产品。

美国联邦政府以公共采购促进技术创新的近期做法是，拜登政府根据《购买美国货法案》和《联邦采购条例》的规定，建立了一份指定关键产品清单，确保联邦政府采购美国制造的关键产品。根据《两党基础设施法》资助项目中的"购买美国货"条款，联邦采购监管委员会与管理和预算办公室协商，制定"购买美国货法"采购信息与通信技术（ICT）产品、服务和组件的政策，优先采购美国附加值达到一定标准的ICT产品和服务。拜登政府更新联邦拨款、合作协议和研发合同中的制造要求，确保联邦资助的研发成果转化为美国制造的产品。能源部利用《拜杜法》（Bayh–Dole Act）的"例外情况认定"等法律条款，强化对包括先进制造技术在内的拨款、合作协议和研发合同的国内制造要求。2022年9月15日，拜登政府根据《联邦购买清洁倡议》（The Federal Buy Clean Initiative），宣布将购买清洁产品纳入联邦采购和融资流程，联邦政府优先采购关键的低碳建筑材料及含有低碳材料的产品。低碳测算包括与其制造、运输、安装、维护和处置相关的温室气体排放。材料方面，优先购买排放水平较低的钢材、混凝土、沥青和平板玻璃。产品方面，优先购买低碳材料含量高的汽车、电网变压器、桥面、海上风电平台、海军潜艇和火车轨道等产品，以刺激美国制造的低碳技术和材料发展。《联邦购买清洁倡议》是拜登总统经济计划的重要内容，该倡议的目的是确保联邦融资和购买力，创造高薪工作，保护公众健康，提高美国竞争力，加强国家安全。

（六）政府与私营部门合作，实现关键供应本土化

在市场经济条件下，仅靠政府无法实现科技创新目标，私营部门和其他非政府伙伴必须参与其中。美国联邦政府通过加强与私营部门的合作，在很大程度上实现了关键供应的本土化，为国内重要制造商和基础设施建设获得更多具有较高流动性和低成本的资本创造了条件。美国先进制造公私合作的领域包括飞机和国防设备、汽车及零部件、基础金属、通信设备、电气设备、电子、金属加工、通用机械、医疗器械、石油化工、制药、精密工具、铁路和海事设备、半导体、特种化学品和专用机械等。合作方式主要是联邦政府向私人实体提供资金，引导其根据联邦指导方针设计和实施特定计划，聚焦对国家经济和安全更具战略性的技术。

除传统支持方式外，拜登政府还在考虑设立一个新的政府资助的投资实体，如拟议中的产业金融公司，专注于构建国内制造生态系统。这

方面以ICT产业最为典型。ICT产业已经发展成一个高度全球化的产业，美国公司在通信设备、计算机、数据存储和终端产品的设计创新方面处于领先地位，但这些产品制造近年来持续向国外转移，美国国内主要生产批量小、高度专业化的产品。拜登政府强调，为确保ICT所需的半导体技术在美国制造，并且下一代ICT所需的半导体和先进封装研究由美国领导，必须降低对单一地区、国家或制造商ICT产品制造的依赖，努力振兴国内制造业生态系统。商务部部长和国土安全部部长与行业利益相关者协商后，决定利用《国防生产法》《为美国生产半导体创造有益激励措施法》和美国国家标准与技术研究院（NIST）的制造扩展合作伙伴关系（MEP），通过财政支持和标准制定创造有益的激励措施。财政支持方面，激励私营部门在国内投资和生产印刷电路板（PCB）与半导体ICT等产品，促进新的国内制造商进入供应链，扩大制造能力，在ICT供应链中建立弹性。标准方面，加强联邦政府对全球ICT标准制定活动的参与，并鼓励美国公司积极参与国际标准、风险缓解技术和保护ICT供应链安全的实践。

（七）不断完善对外国投资实体的审查制度

在防御工具方面，美国立法部门以所谓的国家安全为由，设立了一套管制外国投资、兼并和收购的制度，为本国企业创建了更大、更有利的市场竞争环境。1975年，美国联邦政府设立了外国投资委员会（CFIUS），负责审查包括跨国公司、风险投资和私人实体在内的外国投资交易对美国国家安全的影响，进而提出交易协议修改要求，并就需要禁止的交易向总统提出建议。根据CFIUS的建议，美国总统可以禁止相关投资和收购交易。从历史上看，CFIUS审查的重点是外国投资者对国防承包商、制造业、高科技、石油和天然气等行业的美国公司的影响。20世纪80年代后期，美国政府对日本收购美国半导体行业公司的担忧日益增加，

CFIUS加强了对外国投资实体的审查。2018年，特朗普总统签署《外国投资风险审查现代化法》(*Foreign Investment Risk Review Modernization Act*)，对该机构进行了重大改革，扩大了其职权范围，并将少数股权投资纳入受CFIUS投资审查程序约束的交易类型。CFIUS不仅阻止了中国以及与中国有关的在美投资，乌克兰危机爆发后，CFIUS又开始着手审查俄罗斯提交申请的投资，并可能禁止任何俄罗斯在美国的投资。

（八）打造基础研究和应用研究并重的产业公地

所谓产业公地，就是能够对多个产业的创新提供支持的技术能力和制造能力的集合。事实上，对产业发展起到支撑的是一系列技术和制造能力的集合，其中一些能力被多个企业甚至产业共享。我们将这些共享的能力称为产业公地。"公地"根植于供应商、消费者、合作伙伴、技术工人和地方机构（如大学）中。

美国一直在科技创新方面引领全球，其产业公地发展值得我们借鉴。19世纪末至20世纪初，美国产业公地的重大进展是企业实验室的建立，杜邦公司、通用电气公司、美国电话电报公司和西屋电气公司都建立了实验室。这些企业沿袭的是德国一些大型化学和制药公司的发展路线。尽管在此期间也涌现了一批个体发明家和独立实验室，如爱迪生门罗帕克实验室，但这些企业建立实验室是为了更好地整合研究和开展商业活动，它们开始将研究当作竞争中的一项防御武器，比如，美国电话电报公司建立实验室是为了应对无线电对其电话业务的威胁。越来越多的美国企业将创新作为企业战略的重要组成部分，杜邦公司等企业甚至已将科学研究能力视作企业的核心基础能力。

到第二次世界大战爆发，美国企业已将其大规模的生产能力、现代化的组织形式和科学研究相结合，这造就了美国独一无二的全球竞争地位。这是其企业组织能力、管理能力以及大规模利用发明和创新能力的反映。在化学工业和电气工业领域更是如此，杜邦公司、通用电气公司、美国电话电报公司和西屋电气公司等企业能迅速将其实验室的科研成果商品化进而赚取高额利润进行再投资。第二次世界大战是美国产业公地发展的一个重要分水岭，战争一方面推动了美国公共部门和私有部门对美国国内生产能力和技术能力的大规模投资，但在另一方面毁坏了欧洲和亚洲大量的产业基础，这让美国在很长一段时间都处于世界经济的主导地位。二战给美国对待科学的态度带来了革命性的影响。美国国内大多数科学和技术资源都在支持战争的情况下被动员起来，高校学者和来自产业界的科学家及工程师并肩工作。这一时期的创新产品包括雷达、近炸引信、抗生素、电子计算机和原子弹。科学家对战争的胜利起到了关键作用，美国公众将他们视作英雄。

在战争结束前一年，美国总统罗斯福要求担任战时科学研究局（OSRD, the Office of Scientific Research and Development）主任的范内瓦·布什为战后和平时期的科学研究任务制定发展计划。在后来出版的名为《科学：无尽的前沿》报告中，布什称战争期间形成的研发能力不应荒废，联邦政府应继续支持基础研究。在战争结束前，罗斯福总统不幸去世，但他的继任者和国会注意到了布什的建议。在战争结束后的几十年间，联邦政府对基础科学和应用科学研究的资金投入大幅增加。这些资金或是流向已经存在的部门，如五角大楼，其中大部分被用于同苏联之间的军备竞赛，或是用于支持新设立的机构，如美国国家科学基金会（NSF）和美国国立卫生研究院（NIH）。战争结束后，得益于大学科研系统的扩张、政府研发扶持力度的加大以及企业新建或扩建研究课题的需求增长，美国国内科学家和工程师群体急剧扩大并无须担心就业问题。军工需求推动美国技术能力进入了一个全新的领域。例如，洲际弹道导弹的开发需要高可靠性的电子元器件，这成为德州仪器等企业开发集成电路的关键拉动力。宇宙卫星的供电需求推动了太阳能电池板的前期开发。另外，

B-1轰炸机使用的F101喷气发动机的设计,向CFM56系列商用发动机的核心"高温部件"的开发提供了技术来源,如今CFM56商用发动机被用于波音737和空客A320。第二次世界大战后的30多年间,产业研究帮助美国制造在全球独领风骚。在先进科学技术领域,美国企业遥遥领先竞争对手,而且它们的海外子公司在当地也处于主导地位。毫无疑问,这是属于美国竞争力的时代。

历史上,美国政府把对基础研究的投资和应用研究的投资置于同等重要的位置。政府为了攻克一些难题安排了一系列项目,如美国国防部高级研究规划署的《超大规模集成电路芯片发展计划》和《战略计算计划》(SCI),国防部和美国国家航空航天局(NASA)对复合材料开发的支持,以及美国国家科学基金会对超级计算机项目的资助,这些项目仅仅是应用研究项目的一部分,它们为一系列广泛的商业技术发展奠定了基础。由于这类项目通常需要长期投入,而且项目带来的效益无法被单家公司所完全独享,政府对应用研究项目的支持就显得至关重要。回顾互联网的发展历史,它起源于20世纪60年代,由美国联邦政府发起,并获得了高级研究计划局的赞助,经过数十年的研究最终发展起来。高级研究计划局试图建立能够承受核攻击的通信网络,在这一过程中,项目的推动实施需要对数据交换、通信协议、网络基础架构及其他技术的基础和应用研究进行大量资金的投入,而由于这些投资时间跨度长,回报风险大,任何单一企业都难以独自支撑,因此许多私营企业不能也不愿去投资。此时,就需要政府对基础研究与应用研究给予长期支持。

(九)持续的移民——保持创新所需的多元文化与信息

移民是美国一个永恒的话题,这个国家83%的人都是欧洲移民的后裔,从第一批踏上北美大陆的人开始,移民的历史就从来没有停止过。

移民在美国发展的每个时期都产生了巨大的作用。比如，正是来自欧洲的遭受迫害的清教徒移民，打造了美国日后发展的基础。比如，斯莱特的到来，让美国开始了工业革命。1933年，欧洲大陆笼罩在一片阴霾之中，希特勒在德国掌握了政权，对犹太人的迫害越来越激烈，曾经获得过诺贝尔奖的物理学家爱因斯坦也因为犹太人的身份遭到排挤，被迫离开欧洲，来到美国。法国科学家朗之万得知这个消息后说："这是一件大事。它的重要性就如同梵蒂冈从罗马搬到新大陆一样。当代物理学之父迁到了美国，现在美国成为世界物理学的中心了。"爱因斯坦非常钦佩美国科学研究机构取得的成就。他曾经说："要是我们企图把美国科学研究工作日益增长的优势完全归功于充足的经费，那是不公正的。专心致志，坚韧忍耐，同志式的友好精神，以及共同合作的才能，在它的科学成就中起着重要的作用。"10年后，爱因斯坦加入美国国籍。普林斯顿因为有了爱因斯坦，成为举世闻名的科学圣地。

  第二次世界大战期间，除了爱因斯坦，还有大量被德国赶走的科技人员先后来到美国。历史不总是充满偶然，美国能把握这样一个千载难逢的机遇也并不是偶然。二战即将结束时，苏联把德国大批的设备和机器运回国内，而美国则派出数千名随军科技专家前往德国物色人才，动用了100多架飞机，紧急转移了2000多名科学家到美国，其中仅火箭专家就有120名。二战结束后，美国一共从德国运回了数千名科学家、工程师及其家属。这在美国乃至世界任何国家的历史上，都是前所未有的举动。因为这些精英人才的加入，美国在二战后再获突飞猛进的发展。二战后美国取得的科技成果中，有80%是由引进的外国人才完成的。美国核武器的研制、"阿波罗登月计划"的实施、计算机的诞生，在很大程度上都是依靠移居美国的科学家们实现的。这场声势浩大的科技移民虽因战争而起，但是历史机遇垂青美国的真正原因是在于美国对于精英人才的长期渴求和重视。

在200多年的历史中，移民自始至终伴随着这个国家，早期移民给立国之初的美国带来了先进的技术，发展了生产。20世纪初美国开始加大技术移民的比例，精英移民的进入又为美国带来了创造先进技术的能力。今天，美国的科研人员中有20%是移民，在硅谷有三分之一是亚洲人，移民在美国塑造的辉煌无法一一历数。教育为先，广纳贤才、人才立国的战略让美国在历史关键的转折点上脱颖而出，迈向世界经济和科技的顶峰。

二、德国：推动突破性创新，维护未来产业技术主导力

德国作为老牌工业强国，世界第四大经济体，其工业闻名遐迩、享誉世界。"德国制造"以其高品质、高附加值、高技术含量闻名全球。德国作为世界第二大技术出口国，近年来一直重视战略性新兴产业与未来产业的发展。在数字化、智能化时代，德国工业的内在隐忧表现在新兴产业鲜有突破，传统产业竞争力下降。外部挑战来自以美国为首的世界顶尖国家在新兴产业领域阔步前进，以中国为首的新兴市场国家在新兴产业和传统产业双向发力，德国压力倍增。自2013年提出"工业4.0"战略以来，德国相继出台了《高科技战略2025》《国家工业战略2030》《联邦数据战略》等战略，重点围绕智能制造、人工智能、清洁能源、数字化转型、数字基础设施建设等方面对未来产业做出战略部署。

（一）增强处于领先地位的产业竞争力

德国在钢铁及铜铝工业、化工产业、设备和机械制造、汽车产业、光学产业、医学仪器产业、环保技术产业、国防工业、航空航天工业和增材制造（3D打印）等十个工业领域处于全球领先地位，这些领先的关键工业领域是德国经济的重要支柱，是德国现有工业竞争力的核心，创

造了大量的工业就业机会，使德国有能力维持其高收入水平及高水平的教育和社会保障。因此，《国家工业战略2030》提出要开展赶超进程扩大这十个关键工业领域的优势，必须继续提高其全球竞争力，维持其世界领先地位，并且要"为争取每一份工业岗位而奋斗"。为此，德国必须不断反思与改进工业生产的框架条件，如稳定电力与能源价格和社会保障贡献率，降低企业税收水平，从而削减企业成本，强化产业整体竞争地位。

《国家工业战略2030》还提出要把工业生产制造所有的环节放在一个经济地区，打造完整的产业链，增加工业附加值，减少外部冲击和威胁。如果增值链的所有部分——从基础材料的生产，到整理和加工，再至分销、服务、研究和开发都在一个经济区域，那么链条中的各个环节就会更具抵抗力，增值链也更有可能实现或扩大竞争优势。

（二）支持突破性创新，掌握工业主权和技术主导力

早在2010年7月，德国联邦政府就正式通过了《德国2020高技术战略》。战略指出，德国面临着几十年来最严峻的经济与金融政策挑战，解决之道在于依靠研究新技术、扩大创新，目标明确地去激发德国在科学和经济上的巨大潜力，并推出11项"未来计划"，包括碳中和、能源高效且适应气候的城市；能源供给的智能化改造；可再生原料作为石油的取代物；通过个性化医疗更好地治疗疾病；至2020年100万辆新能源汽车在德国；更有效地保护通信网络；更多地使用低能耗的网络；数字化且便利地获取知识等。与此同时，德国加强与其他欧洲国家的合作，积极参与欧洲新兴产业的框架。2014年，德国加入了"地平线2020计划"，该计划为德国创新引入国际性战略合作伙伴，使得德国可以进一步开展"基础科学""工业技术""社会挑战"三大领域的技术创新，并且与其他欧洲国家共同分享科研创新成果。

《国家工业战略2030》首次将产业问题提高到了"工业主权和技术主导力"的高度，指出"德国经济中，掌握工业主权和技术主导力是维持德国未来生存能力的决定性挑战。德国经济必须能够经受住所有主要领域的全球竞争，特别是在关键技术和突破性创新方面"。当今最重要的突破性创新就是数字化，尤其是人工智能，代表了自蒸汽机发明以来最大的突破性创新，带动了平台经济、自动驾驶等领域的快速发展。机器与互联网的相互连接构成的工业4.0则是另一个极其重要的突破性技术，工业生产中应用互联网技术逐渐成为标配，实现制造、供应、销售信息的数据化、智慧化。此外，纳米技术和生物技术、新材料和轻质建筑技术以及量子计算的发展都可能在工业领域改变游戏规则，成为突破性技术。鉴于过去15年突破性创新已经急剧加速，落伍的经济体和企业面临从"规则制定者"转变为"规则遵守者"的风险，必须把握机会，迅速采取行动。颠覆性创新需要大量的资金、人才等生产要素的投入，大企业有足够的能力和实力从事创新活动。而德国在互联网、人工智能和自动驾驶等新兴产业领域缺乏全球性大企业，因此，《国家工业战略2030》提出要支持这些关键领域企业的合并，增加规模优势，打造龙头企业成为本国乃至欧洲旗舰，提高其国际竞争力。

（三）注重培育政产学研创新体系，科技转化有保障

与其他欧美一些发达国家相比，德国依靠政府、企业、高校、相关科研机构的紧密结合，将国家的经济发展战略、技术创新和产业现实相结合，从而使德国的政产学研创新体系更具有长期性、实践性和开放性。德国政府要求企业与政府之间就研发建立长期稳定的合作关系，并且通过"研究与创新"联合计划，向企业提供额度不等的资金支持。例如，为了实现2020年100万辆新能源汽车在德国的目标，德国政府通过锂电池创新联盟，联合巴斯夫、博世、赢创工业、Lintec、大众五大企业巨头，以及高校和研究所在内的共60多家机构，推动锂离子电池技术产业化，以进一步降低新能源汽车成本。除资金以外，德国政府还为相关企业提供一系列的咨询建议，确保企业得到全方位的支持。

德国的科技转化有保障，主要表现为两点。一是大学的科技成果转化。德国科研机构的专家大都在高校担任教授，使研发与人才培养紧紧与实际结合。德国法律规定，大学有权获得校内科研人员的发明并可以申请专利，科研人员则可以获取收益的30%。这样提高了科研人员的研发积极性和自觉申请专利的积极性。二是研究机构科技成果转化。德国政府积极促进研究机构与工业企业的合作，实现研究成果产业化，主要合作方式有合作研发、转让研究成果、人员继续教育等。如慕尼黑的M.P.研究所40%的科研经费来自政府资助，20%的科研成果能够实现产业化。

（四）重视科技型中小企业的创新发展

中小企业是德国经济的特色优势，拥有许多世界隐形冠军，具有强大的技术专长和竞争力。中小企业作为德国最重要的市场主体，对德国国民经济和居民就业至关重要。德国目前拥有14万家创新型和研究型中小企业，其不仅向市场提供创新型产品，还不断创造新的就业机会。战略性新兴产业以科技型企业为主，而科技型企业在其发展初期往往以中小企业为主。德国专门设立了促进中小企业发展的管理机构——中小企业局，负责制定保护中小企业发展的政策和措施，出台了《反限制竞争法》《中小企业促进法》《关于提高中小企业效率的行动计划》等法律法规。为了保障科技型中小企业的研发资金需求，联邦政府的《中小企业重要创新计划》发挥了重要作用。该计划主要为中小企业的技术创新项目和科学研究计划提供资助经费。资助范围涵盖了纳米技术、信息通信技术、光学技术、资源能效技术、生产技术和公共安全等研究领域。仅

2009—2012年，该计划就资助了1887个企业项目，资助经费达7.7亿欧元。目前德国已形成了满足不同层次中小企业融资需求的金融机构，为中小企业提供多种服务以促进其发展。德国政府认为快速的颠覆性技术创新尤其是数字化进程给中小企业带来了巨大的挑战，中小企业未来需要个性化的优惠与扶持，以保护其传统优势。

（五）政府投资和金融机构融资支持战略性新兴产业和未来产业

首先是政府投资。德国政府对战略性产业的投入金额大、时限长。如2008年太阳能领域获得了政府高达62亿欧元的融资，风力发电获得了23亿欧元的融资。同时，德国政府对战略性产业的支持范围广、方法多。德国政府对战略性产业的投融资支持几乎涉及新能源、新材料、信息通信等所有创新领域，如《可再生能源法》就对可再生能源发电制定了详细的补偿标准。该法令规定对新能源发电装备进行补偿，补偿期限为20年，并且，为了促进企业的利用效率，补偿额逐年递减。由于一些战略性关键领域需要大量资金而且关乎国家安全利益，因此，《国家工业战略2030》提出国家可以购买和持有这些领域企业的股份，而且经济意义越大的领域，国家将会更加积极主动参与其中。《国家工业战略2030》还具体提出："在平台经济、人工智能和自动驾驶等极为重要的议题上，为实现目标进行直接的国家参与——如同空中客车当时的情形，这种干预是必要的、合理的。"此外，对自动驾驶增值链非常重要的电池生产，国家可以支持组建辛迪加的方式提供援助。德国政府2020年推出首版《国家氢能战略》，计划投资90亿欧元促进氢能的生产和使用。以新能源绿氢作为未来发展重点主要因为德国氢气产能基础好，大约占到全球总量的20%。德国计划到21世纪中叶实现气候中和目标，成为氢技术的全球领导者。

其次是规模巨大的金融机构融资。德国金融业长期以来一直实行混业经营，其金融体系的显著特征是全能银行在国民经济中居主导地位。所谓"全能银行"，是指银行不仅经营一般意义上的银行业务，例如，吸收储蓄存款、发放贷款、支持个人或者企业之间的转账等业务，而且还能提供有价证券业服务，甚至持有非金融企业的股权。所以，广义的"全能银行"＝商业银行＋投资银行＋保险公司＋非金融公司股东。德国银行不仅业务全能化，而且数量众多，在德国，平均2900名居民就拥有一家银行，而在英国3700名居民才拥有一家银行，在美国4300名居民拥有一家银行。德国银行业在企业融资中的影响大大超过了英美两国，德国战略性产业的资金来源中，银行贷款占了绝对比重。首先，企业资金来源的主要渠道是银行贷款，特别是德国复兴信贷银行，在为德国新能源企业融资方面做出了巨大的贡献。2009年复兴信贷银行对新能源产业的融资达到525亿欧元，对环保产业的融资达到70亿欧元。其次，银行对于新能源企业在贷款利率上也给出了较大的优惠，从1990年开始，德国的复兴信贷银行为私营企业从事生物质能开发提供低息贷款，比市场利率低50%。再次，在与企业的关系上，银行不仅仅为企业提供各类贷款，还帮助企业发行股票和债券，并持有企业的股份。银行持有企业股份可以视为一种变相的融资方式，使得企业通过直接的方式取得了间接融资资金，为企业获得长期稳定的资金来源提供了保障，有助于企业管理层实现企业的长期战略发展目标。

（六）构建高效的数据基础设施，促进数据创新与共享

2021年1月，德国政府发布《联邦数据战略》，2023年8月30日，德国联邦内阁通过了新版《联邦数据战略》。该战略由德国联邦数字化和交通部（BMDV）、联邦经济和气候保护部（BMWK）以及联邦内政和内务部（BMI）联合起草并提交，在现有《联邦数据战略》的基础上进一步发展，旨在增加商业、科学、社会和行政管理领域中数据的收集和使用，增强数据能力，使德国成为欧洲数据共享和创新应用领域的领导者。数据是社会、商业、科学和公共部门数字化和生态转型的核心。目前，德国约有80%的工业生成数据没有被重新利用。在某些领域，收集到的数据仍然太少、不合适或质量不高。此外，由于缺乏许可条款，许多数据无法找到、无法获取、不可互操作或不可再利用。德国政府认为这种情况需要改进，并且需要更好地利用数据的潜力。

《联邦数据战略》确立了四大行动领域，一是构建高效且可持续的数据基础设施。具体措施包括：发展欧洲云基础设施GAIA-X，创建安全、开放且透明的数据生态系统，使产业界和科学界可以共享其数据并保持对数据使用频率、使用对象、使用地点和用途的控制；继续推进联邦政府量子技术从基础到市场计划，促进量子计算、量子通信和量子传感器等技术从基础研究向市场转移；发展国家研究数据基础设施，例如，发展用于宇宙和物质研究的大型研究基础设施，推动科学界加强数据共享。二是促进数据创新并负责任地使用数据。具体措施包括：加强联邦政府和州政府数据保护监管机构在重大数据保护问题上的合作，尽可能地统一州级个人数据保护法规；修改德国《反限制竞争法》实现反垄断相关规定的现代化，使反垄断当局能够制止市场上滥用数据的行为；继续完善《信息安全法2.0》，抓住数字化转型带来的机遇提高政府管理能力，促进经济和社会发展。三是提高数据能力并打造数据文化。发起国家数字化教育行动，提供有关数字化主题的教学，并逐步连接各个联邦州的教育系统，建立全方位的教育平台；通过莱布尼茨研究所持续监测德国居民的数据能力，全面记录数据文化的发展现状；借助教育与研究部"中小企业创新：产品和服务研究"资助措施，帮助德国企业开发新型数字化产品和生产系统解决方案等。四是使德国成为数据先驱。在联邦公共行政研究院中建立数字学院，提高联邦公务员的数字能力和基于数字的行政管理能力；联合联邦外交部、内政部、国防部和总理府构建联邦政府内部数据平台，使各个部门可以以标准化的格式共享数据，采取基于数据的政府行动；支持有需要的部门建立研究数据中心，以在符合数据保护要求的前提下使用原始数据。

三、日本：科技创新牵引未来产业发展

日本作为世界第三大经济体，是一个资源极度匮乏的国家，长期以来坚持"科技创新立国"的战略。日本是传统的科技强国，凭借长期的技术积累、高效的科研制度和经验丰富的科研队伍，日本科研机构和企业在基础技术研究、应用技术开发和新产品研发等方面极具竞争力。近年来为破解老龄化、数字化转型迟缓等一系列经济社会问题，日本政府努力抓住新一轮科技革命和产业变革的新机遇，以科技创新作为社会变革的驱动力，积极布局战略性新兴产业与未来产业。

（一）技术密集型产业是日本经济的重要支柱

日本推行"技术立国"战略，注重技术创新对产业发展的推动作用，主要经历了三个阶段。一是技术引进和消化吸收阶段。战后日本失去了超过1/4的工业产能，仅剩的资本存量近乎成为废品。日本政府和企业家明白，重建日本别无他法，唯有从零开始，大幅推动创新。因此，日本从战后就开始大规模进口海外成熟的技术，鼓励日本本土企业与国际科研机构、跨国公司共同研发核心技术。1961—1974年，日本从美国、德国、英国和法国等发达国家共引入汽车生产技术488项，在借鉴学习的基础上，加以改进创新，建立起较完善的产业技术体系。二是技术和体制创新阶段。针对特定机械、电子产品等制定长期规划，形成以半导体为核心的电子信息产业。为了支撑新工业的发展，日本大量进口机床和机器人应用于汽车工业，进口发电机应用于电力公用事业。在应用之外，

日本还对引进的技术进行加工和改进，根据20世纪60年代的统计数据显示，近万家大型企业将1/3的研发支出用来改进和完善进口技术，使得技术效率平均提高20%以上。20世纪60年代中期，在日本家用电器行业研发投入中，有48%是用于对引进技术进行改进和创新。三是产业和产品结构调整阶段。20世纪70年代末，日本制造业领域的技术水平已达到全球领先。80年代，日本积极开拓工业机器人、生物工程和新能源技术等产业，技术密集型产业成为日本经济的重要支柱。从21世纪开始，日本成为全球第一的工业机器人生产和出口国。2000年以后，日本电气机械、运输设备行业增加值占全部制造业比重分别达到26.2%和12.5%；化工、金属及其制品行业占比均达到8.0%。进入21世纪，日本形成了以机械设备为主的产业机构。当前日本将半导体产业为主的电子信息产业作为经济发展的支柱产业，在半导体新材料领域发展优势非常明显，截至目前，在14种半导体重要材料方面，日本均占有一半甚至更多的份额，是全球最大的半导体材料出口国，特别是在硅晶圆领域占有绝对优势。

（二）制定国家战略，规划引导战略性新兴产业和未来产业

在新能源领域，长期以来对外部资源的依赖，刺激日本产生了对新能源的巨大需求。自20世纪80年代起日本就开始发展风电、太阳能发电、生物质能发电等新能源产业，近年更是通过不断研发新技术使市场化程度提高。2009年，日本政府颁布了《新国家能源战略》，提出了八大能源战略重点：节能领先计划、新一代运输能源计划、新能源创新计划、核能立国计划、综合资源确保战略、亚洲能源环境合作战略、强化能源紧急应对和制定能源技术战略。受福岛核电站事故影响，日本政府在2014年宣布放弃之前做出的到2030年核能占能源总量50%的规划，转而积极推动可再生能源的发展，计划到2030年实现可再生能源发电量在发电总量中的比例达到30%。目前，日本在新能源领域技术领先，创造1

美元GDP所消耗的能源只有美国的37%，是发达国家中最少的。按照日本官方的预测，到2030年，日本对传统能源的依存度将仅有40%。

在人工智能领域，2016年日本在第五期《科学技术基本计划（2016—2020）》中首次提出"超智能社会"（社会5.0），即通过融合网络和现实空间，创造持续且具有韧性的"以人为本的社会"，以科技创新攻克紧迫的社会课题，不落下一个人，实现人与人之间新的联系。日本将人工智能作为实现"超智能社会"的核心一环。同年4月，以总务省、文部科学省、经济产业省为核心创建了"人工智能技术战略会议"，发挥相关研究的"司令塔"职能。2017年被确定为日本的"人工智能元年"，2017年3月人工智能技术战略会议制定推出《人工智能技术战略》，提出具体战略路线图，即2020年前后在各有关领域实现人工智能的有效利用；2025—2030年，超越个别领域，实现人工智能的一般化应用并促生新型产业；2030年之后，各领域复合型交融，利用人工智能构筑新的社会生态。

2018年7月，作为日本最高科技创新决策机关的"综合科学技术创新会议"发布第二期战略性创新推进计划（SIP），提出主要资助网络空间、材料开发、光及量子技术等12个领域（见表7-2）。2019年11月，日本科技政策研究所发布《第11次科技预测调查综合报告》，描绘了科学技术发展下社会的未来图景，明确生命科学、生物技术、信息与通信技术等16个重点研究的未来技术领域。

表7-2　日本第二期战略性创新推进计划资助的主要领域

项目	内容
网络空间基础技术	利用大数据和人工智能的网络空间基础技术
物理空间基础技术	物理空间数字数据处理基础
网络物理安全	面向物联网社会的网络物理安全
自动驾驶	自动驾驶（系统和服务扩展）

续表

项目	内容
材料开发	统合性材料开发系统的材料革命
光及量子技术基础	利用光及量子技术实现社会5.0
生物与农业	智能生物产业与农业基础技术
能源、环境	实现脱碳社会的能源系统
防灾减灾	强化国家复原力（防灾减灾）
健康医疗	AI医院的先进诊疗系统
物流（陆上、海上）	智慧物流服务
海洋	创新深海资源调查技术

来源：中国社会科学院工业经济研究所课题组著，《未来产业》，中国发展出版社2023年版，第190页

（三）加强公共卫生危机应对，推进数字化转型谋求社会变革

新冠疫情的发生，使日本深刻意识到在数字化上的迟缓，基于《科学技术创新综合战略2020》提出的加强公共卫生危机应对，推进研发，包括诊断方法、治疗方法、疫苗、器械和系统研发，借助超级计算机"富岳"，以及SPring-8同步辐射光源和SACLA自由电子激光为代表的最先进科学装置实施课题研究，完善研发环境，开展国际协作和国际合作研究，建立疫苗早期应用体制；推广AI医院项目已取得的先进诊断和治疗系统相关成果，开发利用虚拟人物的交谈辅助系统等。由于日本的研发体制属于民间企业主导型，在疫情影响下，企业提供的创业资金和高校研究经费受损严重。根据日本文部科学省测算，大学等接受的来自企业的研究经费比2008年金融危机时还要少1080亿日元。为此，日本政府对停滞的研究活动及产学协作提供支援，包括谋求以公共资金作为成长资金的供给和民间风险投资基金托底，强化由研发法人出资且重点支持科技成果转化的大规模资助项目如GAP基金，以及在2020年7月敲定了

面向创业生态系统形成的支援综合对策。

日本还通过运用AI、超算、大数据分析等先进技术，加快教育、科学研究、农业、物流、公共事业等领域整体迈向数字化和远程化进程。其中，为使研发活动不中断，提出通过推进能开展自动化实验的智能实验室，利用网络连接设备开展实验分析等，并进一步推进开放科学。同时，完善相应的基础设施建设，包括加速卫星开发等。此外，强调构建有韧性的经济结构，一方面加强经济安全保障，促进远程商业活动；另一方面通过加强数据分析和利用，减少住宅和个人耗能，利用生物技术和可再生生物资源等创新举措，谋求创造低碳经济、循环经济和分散型社会。

（四）促进创新与实践"社会5.0"

日本认为在创新活力提升上存在较大潜力，在创业意识、资金和成长性三个方面设定目标来打造日本的研发型创业环境。大学和研发机构培育风险企业设立累计数实现倍增计划；风险投资额对名义GDP占比与世界最高水平相当（根据日本内阁府测算，2018年风险投资额对名义GDP占比日本为0.051%、美国为0.633%、中国为0.231%）；企业估值超过10亿美元的非上市风险企业（独角兽）和已上市风险企业到2023年达到20家（根据日本内阁府测算，日本独角兽企业为8家；截至2020年6月，中国和美国的独角兽企业分别为122家和228家）。为实现这三项目标，具体施策包括：打造世界级创业生态系统都市圈；以大学为中心增强创业意识；打造世界级加速器；推进制度和财力支持，提出新版日本中小企业创新研究制度，在研发预算上制定支出目标，支持研发型初创；强化对研发型初创的公共调拨；强化生态圈的联结性；促进研发人才流动性。

日本积极开展"社会5.0"的实际应用。在企业、大学及研究机构、地方公共团体、地方政府等组成的智慧城市官民协作平台基础上，推进数据接口标准化和互相连接，推进数字政务，包括数字优先、一次办一次结、一站式办理等；推进"超级城市"早期示范，2020年5月《国家战略特区法》修正案在日本参议院表决通过，以"超级城市"试点，建设数据基础、开展集中投资、实行制度改革等；开展国际拓展，通过G20倡导设立的全球智慧城市联盟，促进关于智慧城市全球通行的政策及规范；构筑和推行安全可信的共享经济。

（五）培育高素质科技创新人才

日本努力打造大学和国家研发机构成为创造知识集约型产业的创新生态系统的核心，促进各组织间的大型产学共创，吸纳大型民间投资，并将其中一部分用于加强基础研究能力、人才培育的再投资。设定到2025年，企业对大学和国家研发机构的投资额达到2014年的3倍以上，约3450亿日元。为实现上述目标，构筑政产学研之间良性循环的核心协作要点。前瞻"社会5.0"时代，为各年龄层提供教育机会，培育高素质的科技创新人才。一是面向初高中教育阶段推进科学、技术、工程、艺术、数学教育和AI知识及技能教育，二是面向社会不同年龄层推进成人继续教育。

第八讲

新质生产力的重大影响

新质生产力代替传统生产力是科技进步的结果，其影响将远远超乎人们的想象，将极其深刻地改变人们的生产方式、生活方式、思维方式，每一次重大新质生产力的形成都将引发一场深刻而持久的经济、社会、思想变革。

新质生产力代替传统生产力是科技进步的结果，其影响将远远超乎人们的想象，将极其深刻地改变人们的生产方式、生活方式、思维方式，每一次重大新质生产力的形成都将引发一场深刻而持久的经济、社会、思想变革。进入21世纪以来，全球科技创新迎来新一轮高峰，正如习近平总书记所指出的："以人工智能、量子信息、移动通信、物联网、区块链为代表的新一代信息技术加速突破应用，以合成生物学、基因编辑、脑科学、再生医学等为代表的生命科学领域孕育新的变革，融合机器人、数字化、新材料的先进制造技术正在加速推进制造业向智能化、服务化、绿色化转型，以清洁高效可持续为目标的能源技术加速发展将引发全球能源变革，空间和海洋技术正在拓展人类生存发展新疆域。总之，信息、生命、制造、能源、空间、海洋等的原创突破为前沿技术、颠覆性技术提供了更多创新源泉，学科之间、科学和技术之间、技术之间、自然科学和人文社会科学之间日益呈现交叉融合趋势，科学技术从来没有像今天这样深刻影响着国家前途命运，从来没有像今天这样深刻影响着人民生活福祉。"①

一、对经济增长的重大影响

新质生产力对国民经济的影响主要体现在以下几个方面。

---

① 习近平谈治国理政第三卷［M］.北京：外文出版社.2020：245-246.

(一）带来极大的效率变革、动力变革和质量变革

效率是指投入与产出之间的比例关系，在投入一定的前提下，产出越高表明效率越高，或者在产出一定的前提下，投入越少效率越高。效率变革就是企业通过降低成本、实现资源的合理利用提高劳动生产率的过程。科技进步在企业效率变革中发挥着主导和主动作用，一旦科学技术这个变量发生变化，客观上要求其他生产要素配置也要随之发生变化。生产要素配置的变化是由科技进步所产生的。科技进步所产生的效率变革不是单个生产要素的效率提高，而是全要素生产率的提高，正如高铁是先进技术的系统集成，不是传统机车提高速度那么简单。在当今科技水平条件下，不断地实现资源配置的帕累托改进，以降低甚或消除无效供给、降低制度交易成本，使配置效率无限接近于帕累托最优。

动力变革是产业和产品的升级。科技进步推动产业不断升级并带动产品升级。从手工工业、机械工业到智能工业不断实现升级换代，产业升级的动力来自科技进步、企业对利润的追求和外部竞争压力，来自供给所创造的需求，来自新质生产力所开拓的新市场所产生的超额利润对企业的刺激和冲动。正如《共产党宣言》中所指出的，资产阶级在它不到一百年的阶级统治中所创造的生产力，比过去一切世代创造的全部生产力还要多，还要大。第一次工业革命时期英国的纺织品，第二次工业革命时期德国、日本等国的汽车、电器、电话，第三次工业革命时期美、德、日的电脑等迅速占领全球市场，当今时代，工业互联网正快速地推动产业升级。未来已来，工业互联网已经在不声不响中变成现实，它将带来一场深刻变革，将一切不可能变为可能。它不是传统工业+互联网，不是简单的智慧车间，犹如不是把传统动力火车提速就成为高铁一样，而是系统的创新集成和生产方式的深度变革。工业互联网是新型技术条件下的新型基础设施，其本质是把设备、供应商、物流等要素利用网络

平台连接起来,打通了生产和消费、生产与生产、生产链、供应链、消费链,解决的是工业的社会化问题。工业互联网不是智慧车间或智慧工厂,而是推倒了工厂的围墙,实现了全球的互联互通。传统模式下是生产什么就消费什么,属于生产者主权。工业互联网模式下是消费什么就生产什么,完全可以实现个性化定制。过去是封闭生产,自己生产什么别人不清楚,别人生产什么自己也不清楚,企业内部配置资源;工业互联网时代完全是开放的,开放式设计,开放式配置资源,开放式生产,开放式营销,开放式解决生产经营过程中遇到的一切问题,在全球范围内配置资源,每一个环节遇到难题都可以随时在全球"招标",实现揭榜挂帅。消费互联网提供的是便利,工业互联网创造的是价值。

工业设计由封闭到开放,可以在瞬间找到全世界最好的设计师;工业生产由孤立的车间转向集成制造和服务;管理由单维度变成多维度,由大规模生产同一个型号转变为个性化设计和定制生产;各种生产要素由孤立转向跨部门、跨企业顶层配置,过去互不关联的孤立的企业成为生态链上的重要要素,相互之间互为依赖,互为服务,会衍生出无数个新的企业、新的产业,形成新的生态林;传统思维是如何战胜对手,工业互联网条件下不是遏制对手,而是互相成为伙伴,你发展我也发展。

工业互联网与消费互联网有本质不同。一是连接对象不同。消费互联网连接的主要是消费者和消费品,场景相对简单;工业互联网连接的是人、机、物,是全产业链、全价值链,场景要复杂得多。二是技术要求不同。工业互联网要求传输网络的可靠性更高,安全性更强,时延更低。三是目的不同。消费互联网主要是满足消费者需要,消费者满意度是主要衡量指标;工业互联网的目的是能够为企业带来更多收益,节约成本,提高利润。四是用户属性不同。消费互联网面向大众用户,共性需求强,专业化程度低;工业互联网专业性强,更为复杂。

工业互联网深刻改变着传统高校科研院所的科研模式,由远离生产一线的阳春白雪式的实验、研究进入生产一线，真正实现企业出题目，教授做文章，达到产学研一体化的目的。

工业互联网也改变着传统的政府与企业关系，可以实现有为政府与有效市场的充分融合，既帮助政府有效监管、调控市场，又及时掌握企业诉求，政府对企业无事不扰，有事随时解决。

工业互联网需要具有科学家精神的企业家和具有企业家精神的科学家深度合作。

工业互联网背景下，数据成为极为重要的生产要素。生产要素家族的成员随着科技进步日益增多，在农耕时代，主要生产要素是劳动力和土地，谁拥有的土地和劳动力多，谁就强大；工业时代，资本和管理成为重要的生产要素，谁拥有资本多，谁的管理水平高，谁就强大；信息经济时代，数据成为重要生产要素，谁拥有数据多，谁就可以占据市场竞争的制高点。

工业互联网是思维方式的变革，是生产方式的变革，是百年不遇的机遇，我们要紧跟时代步伐，热情拥抱工业互联网。

各个国家都依据自身优势，形成了不同的信息运用开发模式，美国重连接，凭借信息技术优势，以互联网吞并制造业；德国重设备，政府主导搭建统一的基础平台；中国重赋能，推出中国制造2025。消费互联网基本是赢者通吃，工业互联网则是彰显个性；消费互联网分配价值，工业互联网分享利润；消费互联网带来的是便捷，工业互联网带来的是个性化设计；消费互联网让人离不开网络，无网络不生活已经成为现实，也是困境，工业互联网让数据成为生产要素，成为生产资料，没有数据企业没法生存。

工业互联网不只是工具的革命更是革命的工具，彻底颠覆传统的生产模式，其影响远比第一次产业革命和第二次产业革命影响广泛深刻。在传统制造业模式下，人像机器一样工作；在信息时代，机器像人一样工作。传统工业讲求分工，分工可以提高效率，亚当·斯密早在1776年出版的《国富论》中有详细论述；在工业互联网背景下讲求协同和合作，因为，协同可以在世界范围内最快捷高效地配置资源。在传统经济活动中，需要科研发现和解决问题，在工业互联网背景下，可以组织网上虚拟科研机构，科研成为经济活动的一个要素，与其他生产要素一起平等地参与收益分配。

质量变革就是产品和服务的质量发生革命性的变化。农耕时代，产品和服务没有统一规格，产品质量不稳定，残次品率高。工业时代实现了产品和服务的规格统一，特别是产品规格有了统一的型号，可以大规模生产，质量趋于稳定。信息时代实现了产品和服务的个性化定制，按需定产，产品质量极大提高并且趋于稳定，特别是有了可追溯的产品溯源体系，可以对产品和服务进行全过程的监测和跟踪。

（二）促进产业升级，提升产业质量

产业升级是一个国家或地区经济进步的根本标志，是经济结构的根本性变革。产业升级的过程就是从低附加值向高附加值衍变的过程，由第一产业占主导地位向第三产业占主导地位提升的过程，由劳动密集型占主导地位向资本密集型进而向技术密集型占主导地位提升的过程。产业升级的根本动力是科技进步。产业升级是由科技进步为主导引发其他各个生产要素优化配置的能动过程。产业升级创造出了新效率、新产品、新市场，也创造出了新的营销和消费模式。产业升级不断实现对人的解放，农耕时代和手工业时代，完全依靠人的四肢和体力劳动创造财富，劳动效率低，受自然条件的限制，日出而作，日落而息，绝大多数人无法实现温饱。工业时代，机械化的大规模深度运用，极大地解放了人们的四肢，劳动强度大大降低，劳动效率大大提高，但是工作相对单一，工人要重复同样的动作。马克思在《资本论》第一卷引证恩格斯在《英国工人阶级状况》中的论述十分深刻地揭示了这一问题:"在这种永无止境的苦役中,反复不断地完成同一个机械过程;这种苦役单调得令人丧气,就像息息法斯的酷刑一样;劳动的重压,像巨石般一次又一次地落在疲惫不堪的工人身上。"[1]马克思进一步分析单调重复劳动对人体的损害:"机器劳动极度地损害了神经系统,同时它又压抑肌肉的等方面运动,夺去身体上和精神上的一切自由活动。甚至减轻劳动也成了折磨人的手段,因为机器不是使工人摆脱劳动,而是使工人的劳动毫无内容。"[2]工业化虽然摆脱了对自然条件的限制,可以远离河流开办工厂,也摆脱了日照时间的限制,但也大大地延长了劳动时间,特别是产生了夜班制度。机器可以24小时不停地运转,人完全围绕机器转。进入信息时代,数据产业化,产业数据化,特别是AI智能的发明和应用,不仅解放了人们的四肢,更多地出现无人工厂和无人酒店,而且部分地解放了人脑的功能,机器学习已经成为现实,生成式AI可以对弈、赋诗、作画、创作音乐、写文章,可以自动生成文本、图片、声音和视频,人们的工作完全不受自然条件、时间和空间的限制,完全可以在世界任何地方办公,可以边读书边工作,边旅行边工作,更加体现人的自由全面发展。当然再先进的技术都需要人来发现、发明和应用,人们劳动的复杂程度大大增加,愈加需要人与人之间、人与机器之间以及机器之间协作和配合,不是农耕时代的简单劳动的协作,不是工业化初期"较多工人在同一时间、同一空间(或者说同一劳动场所),为了生产同种商品,在同一资本家的指挥下工作"的协作,而是在现代信息条件下,人机互联的协作。无人驾驶表面看来没有人驾驶汽车,手握方向盘、脚踏制动或加速踏板,实质背后是遍布车身的无数的传感器,虽没有人眼观望道路情况,但多了无数

---

[1] 马克思恩格斯文集第五卷 [M].北京:人民出版社.2009:486.
[2] 马克思恩格斯文集第五卷 [M].北京:人民出版社.2009:486-487.

个电子眼随时发现周边的情况，特别是太空中多个卫星在提供精确导航。科学进步的实质是复杂劳动对简单劳动的替代。科学进步没有止境，产业升级没有止境，人类经济发展的过程，就是产业不断升级的过程。从人类社会发展史来看，公元前4000年，青铜器是对石器的颠覆性技术创新，用今天的眼光来看是多么落后。"后之视今，亦犹今之视昔。"这就是进步。在科学技术进步加速发展的今天，10年后、20年后会产生什么样的颠覆性技术根本无法预料，会产生什么样的产业也是未知数，但有一点可以肯定，必定会有更多的新技术新产业出现，一次又一次地颠覆人们的认知。

（三）新质生产力的发展既是综合国力特别是教育、科技、人才的比拼，同时又促使综合国力分化和重新洗牌

从人类发展史来看，全球的经济中心并不是固定于一地永远不变的，而是不断地流动和转移。从古埃及、古巴比伦、古印度、中国到意大利，到西班牙、葡萄牙，到荷兰再到英国，再到德国、日本、美国等，全球经济中心不断变化。全球经济中心变化呈现出以下趋势。第一，由生产中心到商品集散中心再到资本或金融中心，逐渐呈现生产要素的高端化趋势，由此可以推动未来世界的经济中心将是数据集聚中心，哪个国家掌握了数据特别是掌握了优质数据，哪个国家成为数据交易中心，哪个国家就是全球的经济中心。第二，从地理位置而言，全球经济中心经历了从地中海到大西洋，再到太平洋的转移。我国要成为全球经济中心或者成为双中心之一，根本途径在于抓住这次产业革命的千载难逢的良好机遇。目前，美国仍然处于世界经济中心的地位，我国要实现中华民族伟大复兴，要成为世界经济中心，必须加速推进科技进步和产业革命，加快形成新质生产力。

二、对社会的重大影响

人类历史上每一次技术革命引发的产业革命都会对社会运行产生极大的革命性影响。当今时代，得益于促进新质生产力形成的高科技的广泛应用，为社会发展带来巨大而深刻的变化。

一是由于新质生产力极大提高了全要素生产效率，在给企业带来更多利润的同时，也大大降低了劳动强度特别是重体力劳动强度，改善了劳动环境，不断地缩短劳动时间，越来越多的国家实行每周5天工作制，甚至有的国家周工作时间更短，越来越多的国家推行带薪休假，工作方式更灵活。

二是新质生产力所提供的新产品、新服务提高了人们的生活品质，改善了生活质量。今天人们所使用的智能手机、网络、智能穿戴设备、智能家电、电商等，所乘用的智慧汽车、高铁、飞机等，所享受的各种有机绿色农产品等都是科技进步的结果，是新质生产力所创造的。未来，新的科学技术所推动的新质生产力会创造出更多的新产品、新服务。

三是新质生产力有利于提高教育质量特别是实现教育均衡化和适应教育个性化的需求，数字教育是一场深刻的革命。未来已来，人类悄悄地进入了信息时代，大人孩子都在玩着手机、电脑及其他电子产品，享受着信息带来的快乐，人们宁可一天不吃饭，也不愿意一天不带手机。数字教育就是将现代信息技术运用于教育管理、教学实践、教育交互等各环节，呈现出数字化、网络化、智能化和多媒体化等基本特征，可以毫不含糊地讲，数字化代表未来教育的发展方向和趋势，也是教育现代化的重要标志，它将深刻改变教育的未来，把越来越多的不可能变为可能，也将注定引发一场深刻而广泛的革命。

四是新质生产力的形成是对传统落后产业的极大挑战，短期内会产生失业。但长期来看，发展新质生产力会大大地增加就业，因为技术进步导致体力劳动减少，脑力劳动增加，简单劳动减少、复杂劳动增多，更多的劳动力从事研发、服务等。若没有科学技术进步，全世界无论如何容纳不下几十亿劳动力。科学技术进步倒逼劳动者要不断提高自身素质，否则不能适应快速发展的生产力的需求，终身学习是社会发展的客观要求。

三、对思维方式的重大影响

产业革命是思想解放的结果，同时又推动人们思想的进一步解放。每一次科技进步和产业革命都极大地拓宽人们的视野，改变人们的思维方式，极大地解放人们的思想观念，改变人们对新生事物的认知。毛泽东同志说过："人的正确思想是从哪里来的？是从天上掉下来的吗？不是。是自己的头脑里固有的吗？不是。人的正确思想，只能从社会实践中来，只能从社会的生产斗争、阶级斗争和科学实验这三项实践中来。人们的社会存在，决定人们的思想。"[①]因此，实践发展到哪里，认识才能发展到哪里。即使是科幻小说，也是遵循科技发展规律对未来所做的推测和想象。农耕时代再聪明的人无论如何想象不到今天的智慧农业，一百年前的人们绝对想象不到今天的智能手机，有了电商，指尖在屏幕上点击一下就可以买到所需要的物品。现在每天都有新科技、硬科技面世，颠覆着人们的传统观念。难以想象十年后更不用说三十年、五十年后的社会是什么样的，但有一点可以肯定，明天一定更美好。科学技术的进步不断地挑战不可能，把不可能变成可能。

---

① 毛泽东文集第八卷［M］.北京：人民出版社.1999：320.

第九讲

形成与新质生产力相适应的新型生产关系

新质生产力是生产力发展的火车头,引领整个生产力的发展和社会文明进步,必然催生新型生产关系。新质生产力是动态发展的,决定新型生产关系也必然处于变动之中。

习近平总书记指出，生产关系必须与生产力发展要求相适应。发展新质生产力，必须进一步全面深化改革，形成与之相适应的新型生产关系。本讲主要阐述新型生产关系的内涵、为什么要构建与新质生产力相适应的新型生产关系、怎么构建新型生产关系、如何深化改革扩大开放。

一、新质生产力催生新型生产关系

根据马克思主义的基本原理，生产力决定生产关系。"各个人借以进行生产的社会关系，即社会生产关系，是随着物质生产资料、生产力的变化和发展而变化和改变的。"① "随着新生产力的获得，人们改变自己的生产方式，随着生产方式即谋生的方式的改变，人们也就会改变自己的一切社会关系。手推磨产生的是封建主的社会，蒸汽磨产生的是工业资本家的社会。"② 生产关系反作用于生产力，当生产关系适应生产力时，就能够促进生产力发展，当生产关系不适应生产力时，就会阻碍生产力发展。科学技术总是不断进步的，生产力总是不断向前发展的，是不以人的意志为转移的客观存在，犹如川流不息的江水，奔腾向前。生产力的发展客观上要求生产关系也要相应地发生变革，以适应生产力发展的需要。

---

① 马克思恩格斯文集第一卷［M］.北京：人民出版社.2009：724.
② 马克思恩格斯文集第一卷［M］.北京：人民出版社.2009：602.

新质生产力是生产力发展的火车头，引领整个生产力的发展和社会文明进步，必然催生新型生产关系。新质生产力是动态发展的，决定新型生产关系也必然处于变动之中。新质生产力是一场深刻生产方式、生活方式的变革，塑造适应新质生产力的新型生产关系更是一场深刻的革命。正如汽车发展起来之后，客观上要求必须有与之相适应的公路及运行规则；有了火车之后，要求有与之相适应的铁路及运行规则；有了飞机之后，要求有与之相适应的航路及运行规则。没有规则，无论是汽车、火车还是飞机都无法运行，否则就会酿成灾祸；但是既不能把汽车的运行规则应用到火车上，也不能把火车运行规则应用到飞机上，否则，同样无法运行或酿成灾祸。

二、新型生产关系的内涵

马克思指出，人们是在一定的生产关系中制造呢绒、麻布和丝织品的。每个社会中的生产关系都是一个统一的整体。生产关系是人们在物质资料的生产过程中所结成的人与人的社会关系，它包括三个基本方面，即生产资料的所有制形式、人们在生产中的地位和相互关系、产品的分配形式，其中生产资料的所有制性质决定了人们在生产中的地位和产品分配形式。不同的生产力水平，必然有与之相应的不同的生产关系。农耕时代，生产力水平极其低下，主要的生产要素是土地和劳动。在奴隶社会，土地属于奴隶主所有，奴隶完全成为奴隶主会说话的工具，没有人身自由。在封建社会，土地属于地主所有，农民与地主的关系是租佃关系，农民要按一定比例给地主交租。18世纪中叶英国发生工业革命之后，资本成为新的生产要素并逐渐占据主导地位。马克思对于工业时代资本主义私有制下的生产关系进行了十分精辟的分析。从生产资料所有制来看，土地和资本等生产资料属于资本家所有。从产品分配形式来看，资本家获得了由工人创造的超过劳动力价值的那部分价值即剩余价值，工人除了劳动力之外一无所有，工人获得的仅仅是劳动力价值。从人们在生产中的地位来看，资本家与工人之间严重不平等："原来的货币占有者作为资本家，昂首前行；劳动力占有者作为他的工人，尾随于后。一个笑容满面，雄心勃勃；一个战战兢兢，畏缩不前，像在市场上出卖了自己的皮一样，只有一个前途——让人家来鞣。"① 工人为改善劳动条件、增加工资、缩短劳动时间等不断地罢工游行示威，劳资关系严重对立。

自第一次产业革命以来，在全世界范围内又经历了第二次产业革命和第三次产业革命，当今社会已经进入后工业革命时代，以信息技术、人工智能、生物技术等为代表的新兴科技广泛应用，颠覆性技术不断涌现，未来产业、新兴产业特别是战略性新兴产业发展壮大，成为国民经济的支柱产业。生产要素家族中的成员不断增加，由农耕社会的劳动、土地等，发展到工业社会的劳动、土地、资本、管理等，当今时代已经发展到劳动、土地、资本、技术、管理、数据等多个家族成员。在数字经济时代，数据的作用愈益重要。随着生产力的发展和生产要素家族成员逐渐增多，新质生产力的形成，与之相适应的新型生产关系也在发生变革，生产资料所有制关系、分配关系和人们在生产中的地位等生产关系要素正在重塑。

从生产资料所有制关系来看，传统农耕社会和产业革命早期呈现的纯而又纯的私有制以及社会主义国家刚刚成立时期的纯而又纯的公有制不同，混合式的社会所有制或者股份制企业越来越多，既有公公混合，也有私私混合，还有公私混合；既有内资与内资的混合，也有内资与外资的混合，还有外资与外资的混合；既有出资人因为出资而形成的股份，还有因以技术、管理、拥有数据等入股而形成的股份。投资者中募集的

---

① 马克思恩格斯文集第五卷［M］.北京：人民出版社.2009：205.

社会公众股份、机构投资者越来越多,我国数量庞大的股民就是例证。此外还有大量的没有上市的公司,持有股票的股东也越来越多。当今时代,生产资料的所有制性质越来越难以用公有制抑或私有制来界定,越来越趋向于社会所有制。传统生产要素的所有者具有排他性,数据则更多具有公共产品的性质,可重复使用,较少或不具有排他性。

从分配关系来看,随着生产力发展,分配关系处于不断的衍变之中。在农耕社会,地主和农民是租佃关系,二者按照合约收租和交租,有时附带农民要替地主服兵役和徭役,分配关系比较单一。在协作和工场手工业为主的时期,资本家凭借资本所有权更多获得绝对剩余价值,工人获得的是劳动力价值,由于生产力水平相对低下,工人劳动时间长,劳动强度大,劳动条件恶劣,获得的仅是维持劳动力生存所必需的生活资料价值。机器大工业发展之后,股份公司大量涌现,一是股东相互持股现象越来越多,资本所有者由从一家企业获得收益,变为从多家企业获得收益,在一定意义上分散了资本的投资风险。二是随着所有者与经营者分离,越来越多的经营者获得十分可观的股票奖励或期权收益。三是随着生产力水平提高,法律对劳动者的保护越来越严格,劳动时间逐步缩短,劳动条件不断改善,体力劳动强度逐渐降低,工人的工资水平不断提高,各国都制定了最低工资制度,劳动报酬已经不仅仅限于必要的生存资料,发展资料和享受资料越来越多,劳动者拥有越来越高的教育水平,更多的劳动者可以外出旅游休闲度假,而且越来越多的普通工人可以购买股票,获得分红。当今社会已经进入信息时代,收入分配呈现出一系列新特点。一是信息时代,产业数字化、智能化、网络化已经成为大势所趋,资源在全球范围内配置,在世界范围内创造的财富以加速度增加,可供分配的蛋糕越来越大。二是分配方式越来越多,分配关系更为复杂,更多的生产要素参与收益分配。从纵向看,股权收益、期权收益、风险收益等远期收益越来越多;从横向看,收入方式多元化,劳动、资本、土地、知识、技术、管理、数据等要素共同参与收益分配。一方面，产业数字化智能化网络化升级，大大降低了生产成本，增强了获利能力，扩大了获利空间，越来越多的传统产业在数字化改造过程中倾向于原来的企业不需要增加投资，而是投入技术的企业共同参与改造后新增利润的分配。另一方面，新兴产业的平均利润率要大大高于传统产业，特别是颠覆性技术的出现，可以获得巨大的超额利润。一根小小的手机自拍杆一时风靡全世界，生产厂家一定赚得盆满钵满。相反，数字相机出现之后，机械相机在极短的时间内几乎销声匿迹。在市场经济条件下，拥有生产要素的多寡决定收益分配的量，越来越多的人拥有多个生产要素，获得更多的"复合收益"。三是获得收入的方式更为便捷。特别是资本与流量的成功融合，在手机屏幕上动动手指，转发信息就可以获得不菲的收益。如果成为网红，短时间内可以获得巨额收入。随着网上银行的兴起，存贷款不需要到银行柜台，在手机或电脑上可以直接操作，大大节约了银行的人力资本，提高了银行的劳动生产率，也增强了银行盈利能力。四是随着人们生活水平的提高加之电商的兴起，原来附加值低的商品附加值越来越高，原来只是作为产品形态存在的，如野地里的槐花、榆钱以及野菜等成为热销商品，农民因此找到了新的收入渠道，增加了收入。五是原来只是以消费资料形态存在的商品，如家用轿车，有了网约车之后变成了生产资料，可以载客并获得收入。六是任何一次技术革命都带有两面性：一方面可以创造出更多的就业岗位和平台，提升就业质量，改善收入分配；另一方面，科技进步对收入分配具有极化效应，淘汰落后技术和产业，导致一部分劳动力失业，扩大收入差距。但总体上看，科学技术的进步促进了生产力的发展，增加了就业，改善了全人类的收入。总之，新质生产力创造了新质财富，也催生了新的财富分配方式。

从人们在生产中的地位和相互关系来看，由于所有制关系的变化以及各个国家或地区都致力于劳动者保护，在劳动过程中，人们的地位和相互关系随之也发生变化，18、19世纪工业革命时代那种劳资关系严重对立、没有任何劳动保护、劳动环境极为恶劣、工人身心受到严重摧残的情况已经得到根本改观，劳动者除了享有政治权利之外，工会深度介入劳资谈判，劳动者地位大大提高，过去是企业可以随时解雇工人，现在解雇的成本越来越高，受到越来越多法律法规的限制。相反，工人炒企业鱿鱼的现象屡见不鲜。传统经济时代，管理者与工人界限分明，管理呈现刚性特征，劳动场所固定，劳动资料固定，劳动对象固定，工作流程固定，劳动时间固定；数字经济时代，生产要素在全球流动，物联网上的每一家企业都是全球生态链中的供应者和需求者，企业成了完全开放的没有围墙的企业，车间成了完全开放的没有物理隔断的车间，柔性管理代替了刚性管理，劳动场所不固定，劳动资料、劳动对象都呈现出不固定性，即时办公、随处办公成为常态，企业内部员工没有管理与被管理的关系，都是企业的管理者又是被管理者，都成为企业经营网络中的一个节点，人们之间的地位没有高低等级之分，为实现人人平等提供了科技支撑和保证。

三、塑造新型生产关系需要把握的原则

塑造新型生产关系不仅仅是理论问题，更是实践中的问题，需要把握以下几个原则。

一是坚持与新质生产力相适应的原则。生产力决定生产关系，新质生产力决定新型生产关系，不能脱离生产力发展主观地人为地改变生产关系。判断生产关系优劣的标准不是生产关系本身，而是生产力。适应新质生产力发展的新型生产关系就是好的，不适应或阻碍新质生产力发展的新型生产关系就是不好的。正如古希腊哲学家亚里士多德曾言："房

子的居住者也就是房子的主人，能够比房子的建筑者更能对房子做出准确的判断。同样地，一位舵师比一位造船的木匠更善于鉴别一只舵的好坏，对于一桌宴席，最好的评判者不是那位厨师，而是食客。"①

二是坚持从行业实际出发的原则。由于新质生产力在不同产业不同行业不同领域有不同形态，与此相适应的新型生产关系也不应该是整齐划一的，而应该是多元的七彩纷呈的，不能依葫芦画瓢地把甲行业的新型生产关系照搬照抄到乙行业，因为适应甲行业的生产关系未必适应乙行业。

三是坚持渐进原则。由于新质生产力的产生、发展有一个从量变到质变的过程，犹如电信业从1G到5G，中间必然要经过2G、3G、4G等，不可能腾空从1G跳跃到5G，新型生产关系也是一个渐变的过程，在渐变中实现质变。

四是要坚持尊重市场经济规律的原则。有的新型生产关系是企业发展、产业衍变过程中、让市场在资源配置中发挥决定性作用中自然而然地形成的，属于市场行为。有的则需要更好地发挥政府作用，一方面清理不适应新质生产力发展的旧制度、旧政策；另一方面要制定适应和促进生产力发展的新的制度和政策。

四、全面深化改革扩大开放

发展新质生产力，进一步全面深化改革至关重要。

（一）深化经济体制改革

经过改革开放以来四十多年的探索，我们已经形成了公有制为主体、

---

① 〔古希腊〕亚里士多德.政治学［M］.北京：中国社会科学出版社.2009：120-121.

多种所有制经济共同发展，按劳分配为主体、多种分配方式并存，社会主义市场经济体制等社会主义基本经济制度，极大地调动一切可以调动的积极因素，持续地释放经济活力。习近平总书记反复强调，改革开放只有进行时，没有完成时。当前需要统筹谋划新一轮全面深化改革的问题。

党的十八届三中全会通过了《中共中央关于全面深化改革若干重大问题的决定》，拉开了新时代全面深化改革的序幕，十年来，各项改革有条不紊地推进。大部分已经完成，有的正在不断深化的过程中，谋划新一轮深化改革的时机已经成熟。同时，十年来，国内外形势发生明显变化，科学技术进步呈现加速发展趋势，我国的生产力发展取得长足进步，生产力布局发生明显变化，客观上要求必须进一步深化改革，要改革不适应生产力发展要求的生产关系和上层建筑。当今时代，新型工业化、信息化、城镇化、农业现代化正在深入推进，新的区域经济格局正在形成，数据、信息等新的生产要素正在世界范围内重塑生产力格局，战略性新兴产业正在形成大规模新质生产力，面对蓬勃发展的生产力，客观上要求要及时破除阻碍生产力发展的体制机制障碍，不失时机地继续全面深化改革。正如习近平总书记在十八届三中全会上作的说明中所深刻指出的："实践发展永无止境，解放思想永无止境，改革开放也永无止境。"此外，我国总体上处于从中等收入国家向发达国家迈进的过程中，在信息高度发达的今天，人们的思想观念正在发生深刻变化，全社会的利益格局正在发生深刻变化，创造财富的方式也在发生深刻变化，国内外各种生产要素加速流动，经过四十多年的改革开放之后，要在中国这样一个十四亿人口的大国继续深化改革扩大开放，特别是不能犯颠覆性错误，难度之大前所未有，必须搞好顶层设计，凝聚各方力量，统筹各个方面的利益关系，科学确定改革的主攻方向，合理布局战略重点，科学确定改革顺序以及时间表、路线图。特别是要到2035年基本实现现代化，到二十一世纪中叶建成现代化强国，必须不断地深化改革，通过深化改革，增强发展动力。古人有言："谋先事则昌，事先谋则亡。"因此，必须在深度谋划上下功夫。

要确保中国航船行稳致远，必须继续全面深化改革，要确保改革成效，需要处理好如下几个关系。

一是改革发展稳定的关系。改革发展稳定是当代社会永恒的主题，是对国内外经验教训的深刻总结。改革是不竭动力，通过改革激发全社会的发展活力。习近平总书记多次强调指出，只有社会主义才能救中国，只有改革开放才能发展中国、发展社会主义、发展马克思主义。发展是目的，只有发展，才能更好地满足广大人民群众对美好生活的需要，从而更好地解决我国社会的主要矛盾即人民日益增长的美好生活需要和不平衡不充分的发展之间的矛盾，也才能最终实现共产主义。稳定是前提。只有稳定，才能为改革发展提供良好的社会环境。尤其是十四亿人口的大国，深化改革、促进发展，都需要稳定的环境，一旦不稳定，改革发展都无从谈起。当然，越深化改革，越促进发展，越改善人民生活，社会就越稳定。正因为如此，习近平总书记多次强调要坚持稳中求进的工作总基调。

二是深化经济体制改革和其他各项改革的关系。我国仍然处在社会主义初级阶段的基本国情没有变，仍然是世界上最大的发展中国家的地位没有变，决定了我国必须坚持以经济建设为中心不动摇，也决定了在全面深化经济、政治、文化、社会、生态文明、党的建设和军队等各项改革中，既要全面推进，因为没有其他各项改革的全面推进，经济体制改革也难以继续深化，又必须明确经济体制改革依然是重点，必须坚持以深化经济体制改革统领其他各项改革。

三是要正确处理经济政策和非经济政策的关系，求得各项政策综合效果的最大化，避免政策打架或效应抵消。在出台政策时，要树立辩证思维方式，多考虑其正面效应和负面效应，要加强经济部门与非经济部门之间的协调。

四是要处理好中央和地方的关系，既要确保中央的集中统一领导，又要充分发挥地方政府的积极性，要保持条块协调，权责一致。

深化经济体制改革需要关注三点问题。1.经济体制改革的重点是处理好政府和市场的关系，让市场在资源配置中发挥决定性作用，更好地发挥政府作用。政府和市场关系中，矛盾的主要方面在政府。政府需要在更好发挥作用上下功夫，而不是在更多发挥作用上下功夫。我们不能陷入"市场万能论"的无政府主义泥坑之中，但也不能陷入处处是政府过度干预的传统计划经济体制的旧巢之中。基本原则还是市场能发挥作用的领域政府就不要干预，政府的作用在于弥补市场失灵，在于为市场主体提供更好的服务。在法律许可的范围内，政府不能轻易说"不"。

2.打破部门分割、地区封锁，构建全国统一的大市场。形成全国统一的十四亿人口的市场，将在世界竞争格局中形成无与伦比的"力"和"势"，将在加快构建以国内大循环为主体、国内国际双循环相互促进的新格局中形成新的生产力和"投资中国""消费中国"的强大吸引力和竞争新优势。

3.深化财税、金融等体制改革。要加快健全现代预算制度、优化税制结构，完善财政转移支付体系，形成中央和地方事权财权匹配的体制和机制，强化国家重大战略任务财力保障，着力化解地方政府债务风险。深化金融体制改革，加快建设现代中央银行制度，强化金融监管，守住不发生系统性风险底线，构建有中国特色的现代金融制度，着力建设金融强国。

全面深化改革就是要坚持让市场在资源配置中发挥决定性作用和更好发挥政府作用，通过深化改革开放不断破除制约经济高质量发展的体制机制障碍，极大地释放市场活力，调动各种生产要素的积极性，更好地推动和实施引进来与走出去战略，特别是通过深化改革开放培育越来越好的营商环境，促进生产力发展。

营商环境是一个国家或地区市场主体产生、发展以及退出等必要的条件或因素，包括政务环境、市场环境、法治环境、人文环境等。一定意义上，营商环境是一个国家或地区核心竞争力和软实力。好的营商环境可以有效降低企业制度性交易成本，激发市场活力和社会创造力，可以在全球范围内以最快的速度配置生产要素，有利于企业创新创业繁殖分蘖，有利于企业成长壮大，有助于资本获得合理回报，总之，可以解放生产力，发展生产力。在经济全球化，生产要素流动日益加速的背景下，综合国力的竞争实质上是营商环境的竞争。改革开放以来，持续打造国际化、法治化、市场化的营商环境，营商环境指数在全球排名连续大幅度提升，投资中国成为更多外商的首选。即使在以美国为首的西方国家极端施压的外部环境下，我国吸引的外资依然位居全球第二，呈现持续增长态势。我国深化改革开放是在中国共产党领导下的自觉行动和主动作为，不是外部强加的。改革开放的过程就是不断破除体制机制障碍的过程，就是优化营商环境的过程。未来我国将继续打造国际化、法治化、市场化的营商环境，营商环境只能越来越好，吸引全球更多的生产要素投资中国。过去四十多年我们依靠改革开放，经济建设取得了巨大的成就，未来我们将会更大力度地推进改革开放，中国经济建设将会取得更大的成就。

（二）深化科技体制改革

一是着力构建政府、企业、社会加大科研投入的体制机制。

新中国成立以来，特别是改革开放以来，我国政府高度重视科研投入，无论是研发投入总量还是研发投入占GDP的比例均不断提高，根据国家统计局公布的数据，2022年我国R&D经费支出为30782.9亿元，占GDP的比重达到2.54%①。但是与发达国家相比，仍有不小差距。从世界各国来看，我国研发经费投入总量已经位居世界第二，与排名第一的美国有一定差距；从研发经费支出占GDP的比例来看，我国排在第12位。要到2035年基本实现现代化，到二十一世纪中叶建成现代化强国，最为重要的是建成科技强国，需进一步加大政府投资、企业投资和社会投资。政府投资的作用在于引导企业和社会投资。加大政府投资，需要将财政研发经费投资由预期性指标转化为约束性指标。企业是研发投入的主体，政府可以通过加大企业研发费用加计扣除的力度鼓励企业投入研发。要鼓励各类社会组织投入企业研发，推进政府实验室、企业与社会组织合作机制创新，吸引更多社会投资。

二是深化科研体制改革。

1.深化科研评价体制改革，要破除唯论文论和数量论，倡导和引导科研人员提高科研成果的质量，侧重于考核科研成果的创新性和应用前景。探索和建立科研成果后评价机制。论文只是科研成果的学术表达而已，不能把发表论文作为目的。在科研评价体制上要更加注重结果和效果导向，以成果的创新水平和实际绩效作为科学发现和科技发明的评价准则，要重视结项成果评价。成果评价合格后经费可以由主持人自由支配。要从管过程转变为管结果、管成果和管效果，不能让科研人员把更多的时间和精力用在报销项目经费上，而是要让他们专注于科学研究和实验。要完善自由探索型和任务导向型分类评价制度。

2.要重视基础研究，着力培养基础学科人才，着眼于重大发现。基础研究不仅是研究的基础，更是科技强国的基础。没有基于长远考虑的长期支持的基础研究，很难有重大发现和发明，就难以缩小与发达国家

---

① 国家统计局编.中国统计年鉴2023年［M］.北京：中国统计出版社.2023：632.

的差距，对此需要有战略思维和战略定力，不能害急躁症和短视症。重视基础研究的国家才是充满希望的国家，重视基础研究的民族才是有未来的民族。同时要立足当下，围绕重大现实问题、"卡脖子"技术集体攻关，发挥有组织的科研优势，集中精力打科研攻关的歼灭战。

3.完善对科研人员的管理制度，注重减轻科研人员的非科研负担，让更多的科研人员把更多的时间和精力用于科学研究。注重通过多种分配方式激励和调动科研人员的积极性和创造性，让科研人员成为全社会最受尊崇的群体。

4.构建国家、区域、企业和高校等实验室体系。围绕重大战略需求和面向未来，建设国家重点实验室；围绕区域战略需求和现实重大问题建设区域性重点实验室，围绕教学和科技需求建设高校科研院所和企业重点实验室。要打通企业与科研院所之间的有形和无形壁垒，着力于把各级各类实验室打造成为公共产品，不仅对国内研究人员开放，也要建立科研的国际合作机制，相互取长补短。

5.要打破企业和高校在研发方面的界限，企业的研发人员、工程师等可以成为高校的教师，高校的教师可以成为企业的研发人员，高校的大学生、研究生可以成为企业的实验员。企业实践中的难题可以成为高等院校、科研院所研究的重点选题。

6.要完善课题发布机制。要打破长期以来政府利用财政资金委托课题的方式，要将企业的难题转化为政府或各类基金资助课题，公开向社会招标，由企业出资政府予以资助。

（三）加大教育投入和深化教育体制改革

1.不断增加教育投入

新质生产力的形成归根结底需要大批人才，人才培养的主要渠道在学校。对各级各类学校的投资是着眼于民族复兴的历史重任。教育与国民经济相互促进，没有教育强国，就不可能实现国家强盛；没有教育现代化，就不可能有现代化强国。教育强国都有赖于长期的大量的教育投入。在物质资本边际收益呈现递减的趋势下，人力资本投资的边际收益呈现递增趋势。这种递增主要来自人才对科技进步的贡献。新中国成立以来，我国之所以能够实现从站起来到富起来，一个很重要的原因是我国各级各类教育有了长足发展，接受教育的年限越来越长。从新中国成立时的一个文盲半文盲占人口绝大多数的国家，发展成为教育大国。2022年我国高等教育的毛入学率已达59.6%。[①]我国要实现现代化强国的目标，必须加大对各级教育的投资，包括资金投入和人力投资。

从资金投入来看，一方面，要看到新中国成立以来，特别是改革开放以来，政府投入大量资金发展教育事业，2012年我国财政教育支出总额为21242.1亿元，到2022年增加到39447.59亿元。经过多年努力，我国教育支出实现了"两个只增不减"的目标，即确保一般公共预算教育支出逐年只增不减，确保按在校生人数平均的一般公共预算教育支出逐年只增不减。另一方面，也要看到我国教育经费投入仍然是短板，仍然满足不了教育事业快速发展的需要。因此，必须继续坚持"两个只增不减"的原则，加大教育投入，特别是高等教育投入。

从人力投入来看，一方面，我国从事教育事业的人数不断增加，据国家统计局统计资料显示，1978年我国各级各类学校拥有教师899.4万人，到2022年增加至1878.5万人。[②]另一方面，我国教师数量仍然不足，不少地区不少学校不能满足最基本的教师需求，特别是农村小规模学校情况更为突出。相关部门在核编时，要充分考虑实际情况，给学校更大

---

① 国家统计局编.中国统计年鉴2023年［M］.北京：中国统计出版社.2023：690.
② 国家统计局编.中国统计年鉴2023年［M］.北京：中国统计出版社.2023：179.

的自主权。高校是重要的人才蓄水池，没有充足的高水平的师资队伍不可能实现教育强国。

2.深化教育体制改革

在重视教育投入的同时，要深化教育体制改革。一是全面贯彻党的教育方针，落实立德树人的根本任务，培养德智体美劳全面发展的社会主义的建设者和接班人。长期以来，我国教育重视智育忽视其他方面，在智育中，存在唯分数论，一俊遮百丑。德智体美劳是有机统一的整体，不能偏废。

二是要深化教育评价体制改革，打破以分数论英雄、以升学为目的、以名校论成败的基础教育评价体系，要进一步转变学校和家长的教育理念，衡量教育是否成功、孩子是否成才的标志不是结果，不是不切实际地都要把孩子培养成所谓的"大家"，而是要看是否充分发挥了孩子的潜力。是否成功是一辈子的事，而不是阶段性地考了高分，上了名校。尤其不能把教师的业绩与学生成绩直接挂钩，教师的很多工作是默默无闻的付出和奉献。要进一步落实家校共育的体制机制，学校和家长同频共振，根据每个孩子的兴趣、特长，激发孩子的想象力和兴趣，着重培养孩子的创造性，每一个孩子都有不同的家庭环境、不同的爱好、特长和性格，我国自古就有因材施教的良好传统。对教师和科研人员的评价要打破"四唯"即唯论文、唯职称、唯学历、唯奖项。要引导教师和科研人员从注重数量到注重质量和贡献，要多维评价教师和科研人员的贡献。值得提及的是，"破四唯"破的是"唯"。不唯论文不是不要论文，而是需要更多高质量的论文。对学校的评价要从更注重升学率和学生分数中解放出来，要更加注重对学生综合素质的培养。学校的重要功能之一是发现孩子的潜能和兴趣，培养孩子的思维和情操，塑造孩子的性格和灵魂，锻炼孩子的意志和毅力。对学生的评价要打破唯分数论英雄，要从价值观的养成、分析问题和解决问题的能力、身体素质和思想素质、美育和劳动习惯的养成等维度综合评价。

三是高等教育要更加注重通识教育，要优化高等院校学科设置。当前，我国高等教育存在的一个突出问题就是基础不够宽厚，专有余而宽不够。以这种模式培养出来的学生，一方面不适应经济社会发展需求，另一方面发展潜力受限。人文社会科学专业要适当增加自然科学的训练，自然科学专业要适当增加人文素养。尤其在本科和硕士阶段，需要加大通识教育的力度。

从高等教育学科设置来看，当前我国高等教育存在的一个突出问题是专业设置随意，过多过滥，缺乏专业特色，有限的人力财力分散使用，缺乏优势优质专业。因此需要优化高等学校的专业设置，把有限的高等教育资源集中到优势学科，不能搞大而全、小而全，要办出特色和优势专业。衡量高等院校质量高低的标志不是专业的数量而是一流的特色专业。可以说，高等教育专业结构优化是一场静悄悄的革命。专业结构优化是高等教育发展规律。自有大学以来，专业结构一直在发展变化，即使有的专业名称未变，但内容也在不断优化。首先因为科学在发展，技术在进步，同样是数学、文学专业，与200年前内容一定大不相同，专业数量不断增加，内容不断加深，落后的专业不断被淘汰，新兴专业不断涌现，到目前为止，没有一所大学固守旧有的专业，放眼世界，一流大学都在不断优化专业结构。其次，不同时期大学宗旨也有差异，从最初服务于宗教，到着力培育绅士，到近代特别是现代更好服务并引领经济社会发展。专业结构优化是经济社会发展的客观要求。大学是培养高级人才的地方，培养的人才必须符合经济社会发展需求，才能使其就业并发挥作用，否则就会浪费资源，无法适应经济社会发展。

当今世界的竞争是综合国力的竞争，归根结底是人才的竞争，大学是培养人才的摇篮，大学实力是综合国力的重要组成部分，因此，从一定意义上讲，综合国力竞争也是大学的竞争，进而是大学优势专业的竞争。专业结构优化是必然要求，早调整早主动，晚调整一定被动。

四是要统筹职业教育、高等教育、继续教育协同创新，推进职普融通、产教融合、科教融汇。

职业教育要从小抓起，贯穿于各个年级和学段。普通高等教育要增加职业教育的内容，职业教育要增加理论教育的内容，二者没有泾渭分明的绝对界限。一方面要下大力气做好高等职业教育，要培育更多名牌的高等职业教育学校，增强职业教育的吸引力；另一方面，要改革高等教育入学考试模式，普通高考与职业教育高考要分流，不能分数高的被普通高校录取，分数低的被职业院校录取，自然就产生职业教育低人一等的思想观念。要着力推进产教融合，大力发展未来学院，创新培养模式，打通高校与企业之间的界限，高校教师要成为企业工程师、设计师等，企业的工程师设计师要成为高校教师；高校实验室要成为企业实验平台，企业的实验平台也是高校实验室；高校学生要成为企业的实习生，企业的车间要成为高校的教室；等等。

（四）构建有利于科研成果转化为现实生产力的生态和机制

无论是增加科研和教育投入，还是深化科研体制和教育体制改革，目的都是为了多出人才、出好人才；多出成果、出高质量的成果。但科研成果不代表现实生产力，还需要进行后续试验、开发、应用、推广等形成新产品、新工艺、新材料等，才能形成生产力。要促进科研成果转化，首先需要做的就是需要有转化的平台、生态和机制。

从科研成果转化的平台来看，要构建线上和线下的科技成果交易市场，由市场来评判科研成果是否具有价值、是否值得转化以及价值几何。科技成果交易市场的功能主要有以下几个。一是交易功能，即供求双方在市场上交易成果，科技成果交易既有与普通商品交易相同的一面，即入市交易的都是商品，都具有使用价值和价值，都是人类劳动的产品等；

也有不同的一面，普通商品的交易为了消费，科技成果的交易是为了生产和再生产，是为了企业获得更多的利润。普通商品交易一般不存在风险，但科技成果交易存在一定的甚至较高的风险，一旦科技成果不能转化为产品或受消费者青睐的产品，购买者就要承担风险。普通商品交易是一手交钱一手交货，而科技成果交易往往还需要科研人员继续进行后续的试验，为企业提供后续服务甚至直到产品或技术开发成功，一个交易周期才算完成。因为科技成果还需要小试、中试、量产到占领市场等一系列过程。二是科技成果评估，即对科技成果的真实性、实用性、市场前景等进行评估。三是科技成果展示。四是融资和聚集中介机构等。在互联网背景下，构建网上科技成果交易市场可以加速供需对接，打造永不谢幕的科技成果交易会，加快科技成果转化。

从构建科技成果转化生态来看，除了打造科技成果交易市场之外，更需要打造产学研用金为一体的互联网平台，从国内已有的互联网平台来看，其运作机制是：企业在平台发布需求，既可以是技术需求，也可以是产品需求、人才需求等；高等院校、科研院所发布技术供给，特别是高等院校和科研院所可以将企业的技术需求作为科研攻关的方向，博士生或硕士生可以作为论文选题；银行等金融机构及时提供融资服务。平台根据企业的产品需求可以提供集中采购服务，提高议价能力，降低企业成本，从而形成问题公开发布机制，破解问题的公开"赛马"机制，大大提高科技成果转化的效率和效益。企业难题得以解决，高等院校和科研院所可以直接面向经济社会发展需求特别是重大需求开展攻关，解决了研究方向和科研经费问题。

需要有科技成果转化为现实生产力的机制。科技成果还不是现实生产力，需要构建转化机制，除了少数涉及国家秘密外，绝大多数的科技成果转化需要依靠市场机制。

新兴产业特别是战略性新兴产业的培育壮大、未来产业的发展都需要巨量资金,要充分发挥政府的引导作用,更多地发挥市场在资源配置中的决定性作用。既需要构建激发人才积极性创造性的机制,鼓励多出成果,出好成果;也要有容忍失败的机制,失败是成功之母,特别是一些重大发现和发明,往往需要很长周期,需要有战略耐心。

第十讲

加快形成新质生产力的政策体系

加快推动新质生产力的形成，要求我们要尊重科技创新和产业发展的规律，研究其形成路径，进而按照相应的路径来着力推动。有完备、精准、高效的政策体系来配套就显得格外重要。

加快推动新质生产力的形成，要求我们要尊重科技创新和产业发展的规律，研究其形成路径，进而按照相应的路径来着力推动。这就要求有完备、精准、高效的政策体系来配套。

一、政策体系的内涵及新质生产力形成所需的政策体系的设计原则

要研究形成新质生产力的政策体系，首先要厘清政策和政策体系的内涵。此外，还需要明确形成新质生产力的设计原则，作为下一步设计政策体系时的指导。

（一）政策的内涵

美国学者詹姆斯·E·安德森（James E.Anderson）在《公共政策制定》一书中指出，公共政策是一个或一组行动者为解决一个问题或相关事务所采取的相对稳定的、有目的的一系列行动。这种定义更关注政府实际所做的事情，而不是那些仅仅被提出或打算去做的事情。中国学者谢明在《公共政策概论》（2014）一书中，将政策定义为：社会公众权威在特定情境中，为达到一定的目标而制定的行动方案或行动准则。其作用是规范和指导有关机构、团体或个人的行动，其表现形式包括法律、法规、行政规定或命令、国家领导人口头或书面的指示、政府大型规划、

具体行动计划及相关策略等。

广义地说，政策是国家或政党为实现一定历史时期的路线、方针和任务而制定的行动准则和依据。它是指导和规范社会各方面活动的重要工具，旨在调节和引导经济、社会、文化、军事等领域的发展方向，以实现国家发展目标、维护社会稳定、增进公共福利、推动社会发展等目的。政策通常包括一系列具体的规定、措施、计划和方案，其制定和执行过程需基于科学分析、专家论证和社会各方利益的综合考量，并遵循客观公正、科学合理的原则。政策不仅由政府层面制定，也会涵盖各类社会组织、企业乃至国际组织在不同层面上为实现各自目标而采取的方法和策略。在实践中，政策需要不断被监督、评估和调整，以适应变化的环境和新的需求。从这些政策的内涵可以看到，政策的关键是行动方案，政策的实现方式是多种多样的。

政策有广义和狭义的划分。广义上的政策，指的是政策制定部门制定的一揽子方案和措施，其中包括组织安排、机构设置、机制设计、政策工具、政策实施安排、政策评估等。广义的政策还包括政策目标、政策工具、政策实施步骤、政策效果等。狭义的政策则仅指政策工具，即由现有组织机构在原有工作基础上通过传统的或新的政策工具来实现某一政策目的。这里采用广义概念。

（二）政策体系的内涵

政策体系是一个宏观概念，指的是在一个国家或地区内，不同类型的政策、各个层级的政策以及政策的不同组成部分之间，通过相互关联、相互影响以及与社会环境动态交互而形成的有机整体。政策体系不仅包括政策内容本身，还包括政策的制定、执行、评估和调整等各个环节及其相互关系。

具体来说，政策体系可以根据政策的目标、领域和层级划分为不同的子系统或单元,如财政政策体系、货币政策体系、社会保障政策体系、住房政策体系、教育政策体系、区域政策体系等。这些政策体系内部又包含了元政策(指导全局的总原则)、基本政策(指导某领域的基本原则)以及具体政策(针对具体问题的操作性措施),它们共同服务于总体的社会发展目标,并且在实施过程中需要保持纵向的连贯性和横向的协同性。

政策体系的主要特点体现为整体性(所有政策相互关联,共同作用于整个社会系统)、相关性(各项政策相互影响,形成政策网络)、层次性(中央与地方、总体与局部的政策有明确的层次结构)以及有序开放性(随着社会发展不断适应变化并吸收新的政策要素)。政策体系的功能则主要在于通过有效的整合和协调,实现政策自身的稳定运行、对复杂社会问题的综合治理以及政策效果的最大化。

政策工具是政策具体实施时的抓手。政策工具的设计和安排,直接影响到政策实施的效果。包括财政、税收、信贷、资本市场等工具,也包括成立特定机构、建立特定机制、建设产业基地或园区等。总之政策工具高度多元化,不一而足。

(三)新质生产力所需的政策体系的设计原则

新质生产力所需的政策体系,主要指的是有助于推动新质生产力快速形成和不断增强的政策总和。推动新质生产力形成的政策体系应包括科技创新、科技成果转化、战略性新兴产业和未来产业、先进制造业、传统产业转型升级、绿色发展等的政策体系。为相对聚焦,这里主要分析科技创新、科技成果转化以及产业化的政策体系的着力点,并对政策体系下一步完善的方向提供建议。

改革开放后,我国在推动科技创新和产业发展上出台了数量众多的政策。党的十八大以来,政策更是密集出台。到目前,我国已经建立了推动生产力发展的制度框架。有一些政策是行之有效的,将来应进一步贯彻执行;有一些政策推出时间较长,稍显落后于实践,需要充实完善;还有一些属于政策空白点,需要制定新的政策来推动相应的工作。

加快形成新质生产力的政策体系,应尊重以下原则,即完备性、精准性、高效性。完备性指的是在创新链上,应涵盖基础研究、应用基础研究、应用研究、实验开发等多个环节;在产业链上,应涵盖上游(原材料、设备)、中游(生产制造)、下游(产品),以及基础设施、共性技术、中试、验证、标准等多个环节;在政策着力点上,应着重抓好目前的薄弱环节,同时力争提高各环节协同效应;在政策工具上,也应在传统的增加经费投入、提高补贴、设立机构等的基础上,更多地采用被各国证明行之有效的机构、机制设计。精准性指的是找准形成新质生产力的主要问题和矛盾,使政策能够精准发力。高效性指的是要通过科学的政策体系设计,提高投入的产出效能。包括尽量多出价值高的科研成果,能够有尽可能多的科研成果实现市场转化,以及战略性新兴产业发展中能够减少低水平重复、产能过剩等问题。

要体现完备、精准和高效的原则,政策体系应做到以下几方面。

一是应对以往的政策体系进行整合。以往的政策供给主体多元,政策数量多,政策交叉和空白都存在。应进行较为全面的梳理,互相矛盾的政策应加以统一,政策空白点应及时补齐。

二是应强调对政策进行绩效评估。以往关注政策供给多,对于政策实施效果未能及时评估,导致对政策效果没有科学的评价。这就使一些低效的政策得以长期实行,即便负面效果已经很突出了依然难以退出。

三是加大对束缚新质生产力发展的体制机制进行改革。我国各类政策实施效果不尽如人意,一个主要原因是存在很多体制机制的障碍。就像是给树木浇水,因为土质或其他原因,水浇下去了,但未能直达根部。这些体制机制包括部门利益、企业寻租等,极大地影响了政策实施,但是改革起来却并非易事。

四是注重创新链和产业链的紧密耦合。新质生产力在创新链上较长，涵盖了基础研究、关键核心技术、产业共性技术以及实验开发等。在产业链上包括传统产业、先进制造业、战略性新兴产业和未来产业，覆盖范围广。所以要推动新质生产力的发展，一定要把创新链和产业链更好地耦合起来，力争实现科技创新最大限度地转化为生产力。

五是要持之以恒，久久为功。新质生产力指的是技术的革命性突破、产业转型升级，这些都是需要很长时间才能达成的，不可急于求成。过于短视则可能违背科研创新和产业发展的客观规律，以至于事与愿违。

二、构建新质生产力所需的科技创新政策体系

科技创新政策体系的目的是通过相关政策的制定和实施，能够实现新质生产力所要求的高效灵活的科技创新体制机制、更高质量的科技创新成果以及科技成果快速转化为产品和服务的渠道。

（一）我国现有的科技创新政策体系

改革开放40多年来，我国科技体制改革围绕调动科技人员积极性、促进科技和经济结合的主线持续推进，对社会发展、民生福祉、生态环境和国家安全等多方面起到了强力的支撑作用。党的十八大以来，我国把科技创新摆在国家发展全局的核心位置，大力实施创新驱动发展战略，持续推进科技体制改革，科技创新的速度在不断加快。可以说，我国科技制度主体架构已经确立，改革驱动创新、创新驱动发展的格局已基本形成。

截至目前，我国逐渐形成了强化要素、增强主体、优化机制、提升产业、集聚区域、完善环境、扩大开放、形成反馈的科技创新政策发展

路径，政策措施持续迭代完善，目前已经基本形成了覆盖全面、门类齐全、工具多元的科技创新政策体系。政策体系的重点进展和成效主要体现在以下几个方面。

1.经费投入方面。我国研发经费投入保持高速增长，2013年首次跃居世界第二，2023年达3.3万亿元，研发投入强度达2.23%，已超欧盟的平均水平（2.03%），快速增长的科技投入为实现创新驱动发展提供了强有力的资金保障。持续高速增长的创新要素投入带动我国高校和科研院所创新能力持续提升，推动我国创新能力不断攀升。我国综合创新能力显著提升。加大对基础研究和前沿技术研究的支持力度，提供稳定且充足的科研经费，鼓励企业加大研发投入；设立科技成果转化专项基金，加速科技成果产业化进程；实施知识产权保护战略，激励创新主体的积极性。

2.科技基础设施方面。围绕不同时期国家科技发展战略需求，持续推进国家科技基础设施和平台建设。近年来，按照分类管理、优化布局的原则，我国形成三类国家科技创新基地。一是科学与工程研究类。主要包括国家实验室和国家重点实验室。主要开展重大科学前沿和科技任务及大科学工程，开展战略前沿和基础综合类科技活动。二是技术创新与成果转化类。主要面向经济社会发展的需求，开展关键共性技术和工程化技术研究及产业化。主要为国家技术创新中心、工程研究中心、临床医学研究中心等。三是基础支撑和条件保障类。面向发现自然规律、野外观测等科学研究。提供基础科研支撑和科技资源共享服务。主要为科技资源共享服务平台、野外科学观测研究站等。

3.科技成果转化方面。我国持续进行科技成果转化的制度创新与优化。以科技成果的放权为基础，以强化成果转化的激励为核心，致力于解决科技成果转化的法律政策问题和市场与服务体系问题。全国人大2015年完成了《中华人民共和国促进科技成果转化法》的修订，国务院2016年制定了《实施〈中华人民共和国促进科技成果转化法〉若干规定》,并在当年部署了促进科技成果转移转化的行动,形成了我国促进科技成果转化的基础性法规政策保障。围绕落实《中华人民共和国促进科技成果转化法》,形成了一批切实有效的配套政策措施,包括改革职务科技成果产权管理制度、加大对科技人员成果转化奖励力度、完善科技成果市场化定价机制、建立成果转化领导决策双免责机制、实施股权激励和技术成果入股递延纳税、职务科技成果转化现金奖励享受减半计税、国有科技型企业股权与分红激励等,带动科技成果转化量质齐升。

4.科技创新区域方面。我国一直高度重视调动地方创新积极性,打造各具特色的区域创新体系。根据不同地区的资源禀赋和发展定位,不断完善区域创新发展机制,充分发挥创新高地辐射带动作用。建设北京、上海、粤港澳大湾区、成渝地区科技创新中心,打造具有引领能力的科技创新高地。推动国家自主创新示范区和国家高新区高质量发展,进一步优化园区布局和资源配置,创新引领辐射带动作用持续增强。

5.科技企业孵化方面。我国一直重视孵化各高科技领域科技企业,大力建设孵化器、众创空间和加速器,开展科技型企业孵化和培育。

6.国际科技创新合作方面。过去几十年来,中国科技创新领域的国际合作力度不断加大,合作机制不断完善。中国已经与160多个国家和地区建立了双边的政府间科技合作机制,合作对象不仅包括技术先进的发达国家,还包括广大的发展中国家,二十国集团(G20)、亚太经济合作组织(APEC)等多边区域组织,以及联合国教科文组织等全球性国际组织。具体合作机制包括签署科技合作协议、组建科技联络委员会,以及开展政府间科技创新对话等;合作形式丰富多样,包括推动科技人员和机构的交流合作(如访学、共同开展研究项目、共同发表科技论文等),相互开放国家或地方科技计划项目,共建联合实验室或研究中心,共同发起或参与国际大科学计划或工程,以及共建科技园区、共同开展技术转移，等等。企业、科研机构、智库、非政府组织等民间社会经济组织的国际合作交流活动更加丰富多样。

（二）现有科技创新政策体系的不足之处

我国自改革开放以来，在科技创新上投入逐年增加，在科技创新体制上逐步完善，在科技创新上也取得了突出的成绩。但是在当前各国进行激烈的科技和产业竞争的态势下，和部分科技强国相比，我国在科技创新上还存在一些较为突出的问题。

一是关键核心技术亟待突破。关键核心技术是我国战略性新兴产业进一步做大做强的关键。关键核心技术是指对国家安全、经济发展以及国际竞争力具有决定性影响的技术。这类技术通常处于产业链的顶端，对于相关产业的长期发展和创新能力提升起着至关重要的作用。这类技术具有以下特点：战略价值高，创新驱动强，自主研发难，产业影响大等。我国的关键核心技术自主可控的程度还有很大短板，存在较多的"卡脖子"环节。2018年《科技日报》发表了当时国家科技部梳理的35项"卡脖子"的关键核心技术。近年来尽管在科技工作者的努力下，部分"卡脖子"的技术得到攻克，部分技术难题有了一些进展，但总体来说大部分"卡脖子"问题还待解决。此外，随着以美国为代表的一些国家对我国进行科技遏制，我国获得先进产品、设备的难度日渐增大，甚至出现部分产业链供应链无法正常运转。因此，我国更应千方百计解决关键核心技术高度对外依赖的问题，自主研发是重要的途径。

二是基础研究支撑不足。基础研究是科技创新的源头。我国的原创性突破、高水平论文发表以及影响全球科技发展方向的核心理论和技术方面，相比国际领先国家还有一定差距。我国在基础研究上的突破和积累不足，影响到未来科技进步和经济增长的潜力。例如，我国当前集成电路产业被美国制裁且不断加码，归根结底是我国在集成电路相关领域的基础研究薄弱，很多底层和根子上的东西没有搞清楚。

三是科技创新与产业化之间存在诸多障碍。我国科技成果转化率长期处于偏低水平。美国的科技成果转化率高达80%左右，我国的不足10%。大量科研成果停留在实验室阶段，未能成功转化为产品或服务进入市场，形成有效的经济效益和社会效益。其原因是多方面的。最重要的原因是学校和研究机构的科技成果与企业需求之间存在脱节，很多科技成果并不能直接满足市场需求，导致供需两侧无法有效对接。

四是科技创新的效能有待提高。这不仅表现在前面提到的基础研究支撑不足、关键核心技术大多依赖国外，以及科技成果转化率低，还表现在传统产业的技术升级慢，新兴产业的核心技术研发和引领作用不强。科技创新体系不健全，产学研结合不够紧密，科研机构、大学与企业间的壁垒仍然较高，资源共享、协同创新的程度有待提高。

五是政府推动为主，市场推动不足，社会和平台的推动作用还需挖掘。我国的科技创新主要依靠政府政策推动，政府出资为主的各类科研院所、大学以及国有企业是科技创新的主力军。近年来，一些科技领军企业崛起，代表着我国科技创新的推动力在逐步多元化。在大量民营企业的推动下，我国在5G、新能源、电动汽车、动力电池等领域达到了世界领先的水平，在集成电路产业上也实现了巨大的进步。但是，企业的研发投入总额占全社会研发投入总额的占比依然偏低。大量的科研经费还是由政府支出和分配。此外，平台和社会在科技创新上的推动力薄弱，未能发挥应有的作用。

（三）以构建创新生态系统为目标完善科技创新政策体系

1.科技创新政策体系的目标

一些科技强国的实践表明，创新不是各创新主体互相割裂地完成工作，而是竞争合作、共生耦合，最终实现新的思想、知识、技术、人才不断涌现,从而为科技与经济持续发展提供源源不断的动力。成熟的创新生态系统,最终目标是构建一个开放、包容的创新生态系统。应以此为目标设计科技创新的政策体系。

2.科技创新政策体系的着力方向

建立以创新生态系统为目标的科技创新政策体系,需要具有高度的系统观,考虑众多方面的因素。

(1)促进关键核心技术突破

我国高度重视关键核心技术自主可控,为此做了多方面的部署。其中最重要的举措是提出了"强化国家战略科技力量",即强化国家实验室、国家科研机构、研究型大学以及领军型科技企业等,并在国家实验室等重要科研攻关机构的设置、组织以及任务分工等方面做了部署。近年来这些科研机构在关键核心技术攻关上已经取得了一些成绩。未来应从体制机制改革上,促使这些科研机构更好地发挥作用。

下一步政策体系完善,应着力于打破体制机制束缚,激励科研人员的积极性,促进科研人员的自由流动。这些重要科研机构需要聚集全国最优秀的科研人员,合作攻关。但是科研人员往往因体制机制不顺,有后顾之忧,而不能参与到相应的科技攻关中来。因此,应该借鉴美国等国的国家实验室科研人员流动和管理的方法。凡是参与国家重点科技攻关项目的科研人员,其原先所在的科研机构应在其学术成果统计以及其任务完成回到原岗位时提供便利。美国的国家实验室科研人员的收入通常高于大学同级别科研人员20%—40%。

应将充分授权和考核结合起来。没有考核是不行的,但是不科学的考核机制也会导致科研的短期化短视化。

建立科技领军企业和国家实验室、国家科研机构的密切合作关系。前者出题,指出当前我国亟须突破的关键核心技术需求;后二者主要是答题,进行研究。技术突破后的新设备、仪器仪表、软件等,交给企业来使用，并提出下一步如何完善的意见。

（2）推动基础研究获得长足进步

一直以来，我国基础研究的投入占比和发达国家相比，都处于较低的水平。"十四五"规划纲要将基础研究占研发经费总额的占比从"十三五"期间的6%提高到8%。这是一个可喜的变化。和欧美等国家或地区动辄两位数（美国、法国的基础研究经费占总体研发经费的比例为16%）的基础研究投入占比相比，我国的基础研究投入占比仍偏低。我国科研经费总额已达到3.3万亿元，居于世界第二位。

在基础研究经费规模扩大前提下，要优化基础研究投入结构。一是加强对基因技术、量子科技、智慧医疗、类脑智能等前沿科技基础研究的支持，围绕基础材料、核心零部件、重大装备、先进科学仪器和检验检测设备、工业软件等存在重大产业安全隐患的领域或严重制约产业发展的产业链关键短板和痛点布局创新链，以夯实基础研究为依托，强化应用基础研究。二是围绕未来产业新赛道加快谋划布局重大科学工程。在类脑智能、量子科技、基因技术、元宇宙、未来网络、深海空天开发、氢能与储能等前沿科技领域推进国家大科学计划，加大对大科学装置等重大科技基础设施的投入。大力推动国家重点实验室建设，支持跨地区开展多学科协同研究，探索组建联合实验室和实验室联盟。

通过强化国家战略科技力量，引导基础研究的方向。国家实验室按照"四个面向"的要求，聚焦战略性、关键性重大科技问题研究。国家科研机构着力解决影响制约国家发展全局和长远利益的重大科技问题，加快突破关键核心技术。高水平研究型大学要发挥基础研究深厚、学科交叉融合的优势，努力成为基础研究的主力军和重大科技突破的生力军。科技领军企业要发挥市场需求、集成创新、组织平台的优势，整合集聚创新资源，形成跨领域、大协作、高强度的创新基地，提升我国产业基础能力和产业链现代化水平。这些国家战略科技力量在进行研究时，很容易发现基础研究的需求。一旦需求出现，就可以集中优秀科研力量进行理论研究，力争突破。这样应用研究、应用基础研究和基础研究的创新链就可以打通了。

基础研究不是一朝一夕能有巨大跨越的。做基础研究是"煲汤"，需要文火慢炖。美国、法国、日本等成为基础研究的强国，无不是经过了数十年甚至数百年的积累。我国科研人员规模巨大，经费投入也在逐年增加，这些都是我国在基础研究快速追赶的优势之处。未来需要有更多耐心，我国的基础研究一定能结出累累硕果。

（3）鼓励科技创新平台发挥更好作用

创新平台是在全球范围内日渐流行的科研组织形式。是由政府或某一组织主导，集聚多利益相关者，在共享创新资源与不断交互中，凭借知识产权的杠杆作用而获得创新成果收益权与支配权，最终实现科技与经济协调发展的集成系统。科技创新平台是驱动企业科技创新位置前移、实现科技创新要素集聚与共享以及促进科学与技术有效融合的重要载体，能够激发创新链同侧的规模效应以及纵向创新链的协同效应，对打通科技创新的堵点，连接科技创新的断点具有重要意义。为更好地发挥创新平台的作用，应从以下几方面发力。

一是构建多元化的科技创新平台，实现基础研究的多点突破。首先，鼓励对高校实验室等的包容性管理，鼓励好奇心驱动的基础研究的开展。其次，通过政策引导及财政资助等方式鼓励企业研究院、企业国家重点实验室及联合实验室等的建设，引导企业探索应用引发的基础研究，弥补企业原始创新能力的不足，帮助企业占领技术制高点、构筑技术护城河。企业可通过合作降低研究成本，实现共性技术的共享及迅速的规模化；通过与大学、科研院所的纵向协同实现最新科技进展在企业的有效传播以及保障企业研究的"高起点"，将科技创新转化为企业的自主行为。最后，对于企业与高校难以承担的基础研究，政府可以国家重大任务的形式承担,如建立任务导向的国家实验室完成国家基础研究任务与战略性项目等。

二是推动创新平台内的合作,实现平台内部创新主体的共赢。一方面,鼓励各行业龙头企业科学构建企业创新平台,加强应用导向的基础研究与共性技术研发等的投入,并与大中小企业形成优势互补与协同创新。高校及科研院所的发展亦可依此模式,以重点高校或高水平的科研院所为核心联动同类院校或院所,形成科学研究领域的规模化发展与重点突破的兼得。另一方面,以平台联通学研用机构、企业与政府等主体间的空白地带,降低各合作主体间的交易成本,激发各类创新主体的合作与创新积极性。建立健全政产学研用协同创新的体制机制,以创新平台为载体打造完备的科技创新链/网。

三是加强跨平台的合作,促进不同创新平台的协同。营造利于跨平台联系与协作的环境,打破平台边界,实现资源优势互补与共享。如强化大型仪器设备、数据库、研究成果等的跨平台共享,避免重复研究与重复的科技资源投入,降低整体的创新成本,形成创新扩散的学习效应,以获得最大化的外部规模经济。

(4)进一步提高企业科技创新主体地位

在我国的科技创新中,科技领军企业的功能目前尚未充分发挥出来。下一步科技创新政策应聚焦激励科技领军企业发挥更大的作用。对承担现代产业链链长的领军企业,其企业家的职责要相应扩大,让领军企业统筹兼顾企业自身领先发展和领航产业整体发展两大责任目标,政府要放权给这些企业家以更多的资源调配权、产业联盟建设权、产业标准制定话语权,对领军企业和领军企业负责人的考核要关注产业整体竞争力而不仅仅是单家企业的考核。同时,要加强治理体系建设,进一步发挥产业联盟作用,让各领军企业的决策机制更为合理完善、风险防范机制更为稳健、创新发展成效更为持续,从而有力带动科技结构优化和产业链现代化。

(5)多措并举提高科技成果转化率

制定有利于科技成果转化的法律法规,简化科技成果处置权、使用权和收益权的相关手续,保障科研人员和单位的合法权益。完善科技成果评价体系,减少对单纯论文数量的依赖,加大对技术转化成果的考量权重,改革科技人才的职称评审标准。

优化产学研用协同机制。建立更加紧密的产学研用合作关系,鼓励高校、科研院所与企业联合开展科研项目,形成研发、生产、市场一体化的创新链条。建立技术交易平台和服务中心,推动科技成果信息发布和交易规范化,消除信息不对称现象。

构建多元化投融资体系。发展科技金融,设立科技银行、科技保险、科技投资基金等,为科技成果的转化提供充足的资金支持。搭建科技成果与社会资本对接的桥梁,鼓励风投、私募基金等积极参与早期科技成果的投资。

建立健全科技成果权益分配机制,使科研人员从成果转化中获得合理回报,增强其转化科技成果的动力。加大知识产权保护力度,严厉打击侵权行为,维护创新者的合法权益,创造有利于科技成果公开和转化的良好环境。

政府采购支持。扩大对国内企业自主研发科技产品的政府采购规模,优先采购具有自主知识产权的高新技术产品和服务。财政政策要包含对科技人才的激励措施,如对科研人员参与成果转化的收益分配制度进行改革,允许科研人员获得合理合法的成果转化收益。加大对科研成果转化平台、孵化器、加速器等机构的财政扶持力度,支持它们提供技术研发、咨询、对接、交易等一站式服务。

金融支持。创新金融工具,解决科技成果转化过程中的融资难题。建立科技成果转化风险补偿机制,鼓励金融机构向科技企业提供贷款。

推动科技型企业上市，利用资本市场为科技成果产业化提供长期稳定的资金来源。

（6）推动国际科技创新合作

坚定不移地继续推进并进一步扩大科技领域的对外开放，积极融入全球创新网络。针对前述存在的问题和面临的挑战，应重点做好以下几方面的工作。

一是积极拓展合作对象范围。积极支持扩大与其他科技发达国家（如英国、加拿大、澳大利亚、日本、韩国、新加坡等）的合作交流。拓展对"一带一路"沿线国家的合作交流渠道和形式，让科技创新的红利惠及更广大的发展中国家民众。可以进行科技创新合作，科研成果共享，并共同探讨如何将成果转化。

二是积极参与多边国际科技创新治理，为应对全球重大挑战贡献中国方案。利用"一带一路"倡议，推动沿线国家科技创新资源的整合与共享，建设国际科技创新合作网络，促进科技成果的跨境转移和应用。分享中国的科技创新成果和实践经验，将具有中国特色的技术模式、管理经验推广到全球，为解决全球性问题提供中国方案。开展国际科研人才的交流与培养计划，鼓励和支持中国科学家参与国际重大科研项目，同时也吸引国际优秀人才来华交流合作。

三是优化建设更有利于国际科技合作的内部环境。推动科技领域更大力度的对外开放。包括：推动国家和地方科技计划项目更大范围、更加便利地对外开放；改革不利于对外开放的体制机制（如出入境政策、涉外就业社保政策等），为吸引国际科技人才、国际创新资源和国际科技组织等营造更加宽松、富有吸引力的环境；推动中国科技创新"走出去"，面向广大发展中国家积极转移"宜用""包容性"技术，提高中国科技期刊、科技组织的国际影响力。

三、构建新质生产力所需的人才政策体系

加快形成新质生产力,需要与之相适应的人才政策体系。党中央一直非常重视人才工作。过去数十年里出台了数量众多的人才政策。党的十九届五中全会更是明确了到2035年我国进入创新型国家前列、建成人才强国的战略目标。做好新时代人才工作,必须坚持党管人才,坚持面向世界科技前沿、面向经济主战场、面向国家重大需求、面向人民生命健康,深入实施新时代人才强国战略,全方位培养、引进、用好人才,加快建设世界重要人才中心和创新高地,为2035年基本实现社会主义现代化提供人才支撑,为2050年全面建成社会主义现代化强国打好人才基础。要构建新质生产力所需的人才政策体系,应坚持"创新者为本"的理念,更多尊重人才教育、培养、激励的规律,坚持长期主义。

(一)我国现有的人才政策体系

我国的人才政策供给主体多元。包括中央层面的人才政策,部委层面的人才政策,省地市多级的人才政策,科研院所、教育部门、各种所有制企业的人才政策等。

中央层面的人才政策主要包括:2016年,中共中央印发了《关于深化人才发展体制机制改革的意见》(以下简称《意见》)。《意见》着眼于破除束缚人才发展的思想观念和体制机制障碍,解放和增强人才活力,形成具有国际竞争力的人才制度优势,聚天下英才而用之,明确深化改革的指导思想、基本原则和主要目标,从管理体制、工作机制和组织领导等方面提出改革措施,是当前和今后一个时期全国人才工作的重要指导性文件。2018年中共中央办公厅、国务院办公厅印发《关于分类推进人才评价机制改革的指导意见》。2019年年初,国务院出台了《中国教育

现代化2035》，目标是到2035年，总体实现教育现代化，迈入教育强国行列，推动我国成为学习大国、人力资源强国和人才强国。

中组部、科技部、教育部、人社部等作为人才政策的供给主体，出台了大量的政策。党的十八大以来，中组部积极推进高端人才选拔和引进等工作；科技部持续实施创新人才推进计划；教育部积极建立产学研紧密结合的人才培养机制；人社部深入推进知识更新工程；中国科学院设置以重大产出为导向的资源配置体系，提高经费保障能力；多个省区市鼓励企业建设科技创新平台和科技创新团队，更大力度支持企业引进和培养人才。

我国也针对特定人才群体、人才成长的重要环节制定了针对性的政策。包括青年人才政策、人才引进政策、人才培育政策、人才激励政策等。在青年人才政策上，2023年8月27日，中共中央办公厅、国务院办公厅印发《关于进一步加强青年科技人才培养和使用的若干措施》，对于青年科研人员在科研经费资助、科技成果转化等方面都给出明确的支持。国家自然科学基金委、教育部、科技部等部门对于青年科研人员也设立了众多支持性平台，如国家自然科学基金委的青年科学基金项目、地区科学基金项目、优秀青年科学基金项目、优秀青年科学基金项目（海外）、优秀青年科学基金项目（港澳）、国家杰出青年科学基金项目、国家杰出青年科学基金项目（外籍）、创新研究群体项目、海外及港澳学者合作研究基金项目等。这些政策都在不同程度上，起到了激发人才创新创业的热情，释放人才创新活力的作用。

党的十八大以来，各级政府和部门围绕科技人才教育与培养政策出台了一系列改进政策，主要体现在：一是加强基础学科人才教育与培养，全方位推进学科体系和教学体系改革。例如，教育部出台了"强基计划"等针对基础学科的支持政策。该计划自2012年以来，认定建设1189个基础学科一流专业，培养了一大批在基础学科领域有天赋、有潜力的青年英才。教育部还推进新工科、新医科、新农科、新文科建设和学科交叉培养体系改革，重点培养产业和区域所需的基础研究人才。二是建立科技需求导向的人才培养机制，深化科教融合与产教融合。例如，2017年出台的《国务院办公厅关于深化产教融合的若干意见》强调推动学科专业建设与产业转型升级相融合；中国科学院发挥科研院所、学部、教育机构"三位一体"的优势，加强对复合型、应用型科技人才的识别和培养力度。

各级政府和部门通过科研平台和事业平台促进科技人才使用与发展政策不断健全，主要包括：一是推进科技计划管理改革，优化科技计划项目组织实施，鼓励科技人才全身心投入科研活动。二是以扩大用人单位自主权为主线进行科研机构改革，为科技人才发展提供良好环境。完善科研单位法人治理结构，扩大岗位管理自主权；下放对绩效工资结构、考核办法、分配方式的管理权，以及编制和人事管理自主权；构建绩效工资和年薪制等多样化收入分配机制，切实增加科研人员收入等。这些政策都起到了显著的效果。

我国还不断深化科技人才评价与激励体制机制改革，主要体现为：一是以知识价值创造为导向不断优化科技人才评价机制。围绕知识价值建立健全以创新能力、质量、贡献、绩效为导向的科技人才评价体系，坚决破除"四唯"，根据科学价值、技术价值和产业价值，推进基础研究类人才、应用研究和技术开发类人才的分类评价办法。二是不断优化科技项目资助管理方式，激发科技人才创新创造活力。实施科技计划项目"揭榜挂帅""赛马"制度，推进建立目标导向的"军令状"制度，鼓励科技领军人才挂帅出征。

（二）现有人才政策体系的不足之处

近年来，我国科技创新人才队伍大幅增长。2020年年底，我国科技人力资源总量达11234万人，连续多年居世界第一，比2012年增长了

4529万人。其中，作为科技人才后备军的研究生队伍也在逐年增加。随着我国科技人才政策不断健全，科技创新人才队伍结构得到持续优化。首先是基础研究人员占R&D人员比重日益提高。2020年，我国基础研究人员全时当量为42.68万人年，占R&D人员比重为8.15%，显著高于2012年基础研究人员占比（总量为21.22万人年，占全部R&D人员比重为6.54%）。其次是科技人才队伍的年龄结构逐渐优化。科技人才队伍不断年轻化，青年科技人才得到更多支持。

但是，在取得巨大成绩的同时，我国的人才工作也有明显不足。表现为：人才政策精准化程度不高，人才发展体制机制改革还存在"最后一公里"不畅通的问题，人才评价唯论文、唯职称、唯学历、唯奖项"四唯"等问题仍然比较突出。

人才培养与市场需求脱节。教育和培训体系中，人才培养过于追求短期目标和量化指标，导致人才培养质量不高，层次结构不合理，尤其是在高层次、顶尖科技人才的培养上较为匮乏。企事业单位在人才培养上的投入和重视程度不够均衡，存在重引进轻培养的现象，不利于内部人才的成长和持续创新能力的形成。

人才使用机制同样存在问题，表现为岗位与人才技能的匹配度不强，人才配置效率低下。引进海外人才时，部分地区可能未能紧密结合自身实际需求，存在盲目跟风引进的现象，缺乏长期有效的规划和对接机制。

人才政策体系分散与管理不统一。国家层面的人才政策可能存在"碎片化"现象，缺乏统一管理和明确的顶层设计，容易导致政策间的重复和矛盾。

（三）塑造以创新者为本的人才政策体系

1.人才政策体系的目标和原则应是以创新者为本

我国的人才政策高度强调人才的重要性，涵盖了人才引进、激励、考核的全流程。人才政策的作用是显著的,但是具有典型的短期性、功利性、粗放型色彩。适应新质生产力需要的人才政策,应该更强调长期性、精准性,真正以创新者为本。

以创新者为本的人才政策应包括以下要义。一是在教育培养人才上,应是以保护、激发其创造力、创新性为目标,是培养创新型人才,而不是服从型人才。培养人才要充分对接市场需求,要有前瞻性,而不是因循守旧,脱离实际。二是在人才的使用上,应将不同的人才放在合适的岗位上,使其顺利成长并发挥作用,而不是错误配置人才,浪费人才。三是在人才的激励上,应以帮助其快速提高能力为主,而不是以各类头衔、帽子为奖赏,使其急于求成,为了发表而做科研。四是充分尊重人才高流动性的特点。对于人才自主的流动,原用人单位不要采取各类措施加以阻挠或惩罚。

2.创新者为本的人才政策体系的着力方向

一是深化中小学教育和高等教育改革,培养学生的创新精神和能力。

我国的家庭和学校环境对青少年科学兴趣的培养效果不佳。陈旧的教育理念、对作业课本的过分关注、对教学成绩的苛求等思想的禁锢,阻碍了青少年科学兴趣的激发和培养。无论是学校或是家庭,对青少年的科学兴趣培养的途径也较为单一,渠道缺乏多样性,忽视了科学创造的偶然性和特殊性,因此没有对其科学兴趣的培养发挥有效的促进性作用。

深化研究生招生制度、学科设置机制、科研考核机制和职称评审导向等方面改革。针对产业创新链的需求,设计科技人才教育与培养政策,推动学科专业建设与产业转型升级相适应。高校应该综合全球未来产业发展需求,建立适应数字转型、绿色转型等新技术革命的交叉学科人才培养体系,加强重点关键技术领域的科技人才培养。依托产学研合作平台培养和使用科技人才,促进科技人才培养供给侧和产业需求侧结构要素全方位融合。加快建立高校和企业联合培养高素质复合型人才的有效机制，鼓励企业接收研究生参与技术研发活动，支持企业技术专家和研发人员兼职担任研究生导师，以推动打通资本市场与学术界、产业界的互动通道；依托国家重大创新平台、重大科技计划和重点学科等打造产学研协同的研究生培养基地。

二是充分激励具有突出科研潜力的青年人才。

青年科技人才是我国科研创新人才的巨大来源，一些优秀的青年科技工作者已经取得突出的科研成绩。但是在对他们科研成就的肯定，以及科研能力的激励上还存在不足之处。表现为绝大多数科研院所的领导层平均年龄偏大，院士等代表中国最高水平科研人才群体的平均年龄也偏大。要支持青年科技人才"挑大梁""当主角"。提高国家重点研发计划青年科学家项目的实施水平，鼓励青年人才到一线岗位接受锻炼，通过承担科研项目促进青年科技人才成长。构建基础研究人才长效支撑政策体系。加强对基础科技人才的长周期培养、评价和资助体系建设，帮助科研人员静心投入基础科研活动，为基础人才持续做出高水平原创性成果提供切实支撑；注重传承创新，更加重视对青年基础研究人才发展的指导和培养活动，建立老、中、青科技人才"传帮带"机制，培育高水平基础科研团队。

三是完善战略科学家、高端科研人才的培育、选拔政策。

战略科学家是极为稀缺的资源。通常来说，战略科学家具有前瞻性眼光、国际化视野，能够拓展学科的边界，能够将理论与实际很好地结合，同时还具有突出的管理才能。因此应制定必要的政策，对战略科学家进行有效的培养和激励。在培养战略科学家上，要坚持基础理论研究与应用研究相结合，引导广大科学家既夯实基础理论研究的基础，又能够跳出学术研究的圈子，注重理论转化和研究成果应用。坚持长远眼光，有意识地发现和培养更多具有战略科学家潜质的高层次复合型人才，形成战略科学家成长梯队。发挥国家实验室、国家科研机构、高水平研究型大学、科技领军企业的"国家队"作用,围绕国家重点领域、重点产业,组织产学研协同攻关,打造一流科技领军人才和创新团队。优化领军人才发现机制和项目团队遴选机制,实行人才梯队配套、科研条件配套、管理机制配套的特殊政策。在激励战略科学家上,要尊重人才成长的规律。对于战略科学家不要急于求成,不能急功近利,要给其自由研究的空间。建立以信任为基础的人才使用机制,允许失败、宽容失败,鼓励科技领军人才挂帅出征。为各类人才搭建干事创业的平台,构建充分体现知识、技术等创新要素价值的收益分配机制,让事业激励人才,让人才成就事业。

当前我国高端科研人才绝大多数在国家科研机构和研究型大学里。科技领军型企业(尤其是民营科技企业)有着巨大的科研需求,却缺少来自各级政府的支持。即便是这些企业中的一些科研人才有突出的成绩,也较难获得来自政府的认可。这与企业作为创新主体的地位不相符合。应该将民营企业和国有企业一视同仁,在人才政策上给予支持。此外,国家也应鼓励建立科学家从国家科研机构、科研型大学到科技领军企业之间自由流动。例如,允许科学家在国家科研机构、大学等保留岗位,赴民营企业工作。或民营企业科学家到国家科研机构、大学等任职。

四是强化自主培养,实现人才国际化与自主培养并举。

要形成人才自主培养政策体系,营造适合多梯次人才成长的良好制度生态。首先针对国家战略急需进行学科专业结构优化,形成多元分类的人才自主培养政策体系。针对产业结构升级、基础研究突破等需求,分类调整科技人才后备军的学科专业设置,推动青年科研人才供给与产业、社会当前和未来发展中所面临的实际问题相适应。其次继续推进科技人才国际化,优化调整科技创新人才国际化发展思路,统筹规划,加快落实面向全球的科学研究基金。建立健全人才"引进来"和"走出去"

培养的双向发展格局，完善创新人才引进、培养国际化管理办法，建立与国际接轨的人才机制，提升科技人才国际化水平。依托重大科技平台和创新高地，针对特定领域推行特殊的人才政策。

构建多元化流动平台，设立企业博士后科研工作站、院士工作站，吸引高层次人才参与企业技术研发。打造产学研一体化平台，鼓励和支持校企合作模式，通过签订合作协议、共建研发中心等方式，促进科研人员在学术界和产业界之间的互动交流。减少行政干预，简化人才流动手续，提供一站式服务窗口，优化人才服务环境。提供充足的社会保障和福利支持，解决科研人才在流动过程中的住房、子女教育等后顾之忧。

五是不断完善科学家精神的土壤。

优化人才表彰奖励制度，加大先进典型宣传力度，在全社会推动形成尊重人才的风尚。在全社会大力弘扬以"胸怀祖国、服务人民的爱国精神，勇攀高峰、敢为人先的创新精神，追求真理、严谨治学的求实精神，淡泊名利、潜心研究的奉献精神，集智攻关、团结协作的协同精神，甘为人梯、奖掖后学的育人精神"为内涵的科学家精神，在全社会形成尊重知识、崇尚创新、尊重人才、热爱科学、献身科学的浓厚氛围，为战略科学家的成长和涌现塑造良好的社会生态。

四、构建新质生产力所需的战略性新兴产业政策体系

"十三五"至"十四五"期间，我国明确了多个重点支持的战略性新兴产业，如新一代信息技术、生物技术、新能源、新材料、高端装备、新能源汽车、绿色环保、航空航天、海洋装备等领域。我国战略性新兴产业的产业政策体系是一个既注重顶层设计又紧密结合市场需求的综合性政策网络，其目标在于通过系统性的政策工具组合运用，推动产业向高端化、智能化、绿色化方向发展，形成新的经济增长点和社会进步的

动力源泉。

（一）现有的战略性新兴产业政策体系

我国的产业政策较为完善。对于特定重点支持的产业，从产业发展规划，到核心技术攻关、产业区域布局、产品质量标准制定、产业工人培训、产品规模生产等，都有相应的规定。可以说形成了较为全面的产业政策体系。

战略性新兴产业政策体系包括国家层面的规划、部委层面的政策以及各地区颁布的数量众多的具体政策。

在规划层面，2012、2016年国务院先后发布两份《国家战略性新兴产业发展规划》。

2021年12月，工业和信息化部等八部委印发《"十四五"智能制造发展规划》。2022年1月国务院印发了《"十四五"数字经济发展规划》。2024年1月，工业和信息化部等七部门印发《关于推动未来产业创新发展的实施意见》（工信部联科〔2024〕12号）。《意见》提出全面布局未来产业、加快技术创新和产业化、打造标志性产品、壮大产业主体、丰富应用场景、优化产业体系等六方面重点任务。《意见》表示，要把握全球科技创新和产业发展趋势，重点推进未来制造、未来信息、未来材料、未来能源、未来空间和未来健康六大方向产业发展。

2016年6月，国家发展改革委、财政部、工业和信息化部牵头发起，联合国家开发投资公司、工银瑞信投资管理有限公司等其他投资主体共同出资，设立先进制造产业投资基金，首期规模200亿元。2019年11月国家制造业大基金设立，注册资本为1472亿元，由财政部、国开金融有限责任公司、中国烟草总公司等20名股东发起。该基金主要围绕新材料、新一代信息技术、电力装备、高端数控机床和基础制造装备、工业机器人、核心零部件和元器件、关键仪器仪表、航空航天和新能源汽车产业链等领域的成长期、成熟期企业开展战略性投资,布局相关制造业龙头企业。

国家相关部委的政策也是数量众多,涉及众多方面。2010年起,国家科技部开始从三方面支持战略性新兴产业发展。一是打造一批具有国际竞争力的战略性新兴产业基地。国家高新技术产业开发区在培育和发展战略性新兴产业方面,具有多方面的优势和有利条件,要以培育战略性新兴产业和形成区域经济增长为主要任务,强化高新区的集聚辐射和带动作用,并聚焦主导产业,促进产业发展,构建共同平台,推动科技金融,会聚创新人才,推动二次创业,使高新区成为培育战略性新兴产业的重要载体,打造一批具有国际竞争力的战略性新兴产业基地。二是实现关键核心技术突破。掌握核心技术是发展战略性新兴产业的重点之一。培育和发展战略性新兴产业的重要衔接和关键是掌握核心技术。科技部以增强核心竞争力为目标,把与转变发展方式密切相关的领域,如低碳技术、新能源技术、动力电池、互联网、智能电网等一些领域,作为优先发展的技术领域,力争尽早实现自主知识产权,抢占制高点,掌握发展的主动权。三是加大对前沿性、关键性、基础性和共性基础研究的支持力度,把政府创新政策的着力点聚焦到研发的前端和推广应用上,充分地利用好国家的财政税收金融、政府采购的政策,强化对产业发展的引导,进一步创新体制机制,创造良好的投融资环境。

工信部更是推动战略性新兴产业发展的主力。2016年成立了26个国家先进制造中心。同年还推出了先进制造产业投资基金,首批募资200亿元。尽管冠以"先进制造业"的称谓,实际上不少战略性新兴产业也被包括在内。

"十二五"和"十三五"时期,我国促进战略性新兴产业的细分产业政策大量出台。政策体系较为齐备,政策支持力度较大。

我国自2009年底提出战略性新兴产业这一专有名词以来,在十多年时间里，从中央到地方，各级政府部门制定了基于产业或基于地方的、数量繁多的促进战略性新兴产业发展的政策，在政策的细节方面，有以技术指标为依据的，有以产品性质为依据的，可谓内容完备。现有的政策从涉及的领域来说也较为全面，财税、金融、公共政策等均有涉足。

（二）现有战略性新兴产业政策体系的不足之处

在各项政策引导推动下，在企业的激烈竞争下，我国战略性新兴产业发展很快。2022年，我国战略性新兴产业增加值占GDP的比重超过13%，"十四五"规划和2035年远景目标纲要提出目标比重超过17%。广州、深圳等地区战略性新兴产业增加值占地区生产总值比重超过30%。战略性新兴产业已经成长为我国国民经济的重要支柱产业。

但是必须看到，我国战略性新兴产业发展也出现了一些突出的问题，如低水平投入和重复建设问题突出、财税支持覆盖面不全、金融机构信贷体系与战略性新兴产业企业的匹配性不足等。在具体政策内容中，也存在以下问题。一是政策设计中产品标准要求缺乏，技术认证体系不健全。目前政策和规划的重点往往集中于鼓励微观个体的科研开发，鼓励企业勇敢试错。当产业基础初具规模后，紧接着就是关注市场占有率。但往往缺乏质量把控的意识，质量标准"百花齐放"，技术认证体系不健全。这一切导致我国企业在参与国际竞争时，常常受制于人，甚至影响到产业的发展。二是战略性新兴产业政策普遍短视，缺少长期性。大部分政策急于求成，倾向于在短期内取得显著的效果，对于政策的效能、产生的负面效应，以及对行业发展长期健康持续态势的影响均缺少预判。以新能源汽车产业政策为例。因为过多使用了补贴措施，以至出现了一些企业"骗补"的现象。

一个产业的发展不是孤立存在的单一事件，而是与其他产业和经济全局存在千丝万缕的联系，制定和颁布政策也要遵循这一客观规律。各战略性新兴产业如何协同发展，这些产业如何与传统产业、服务业协同发展，也是需要认真思考、谨慎对待的事情。在这方面，我国的政策体系缺少协同，导致政策交叉和政策空白时有发生。

（三）以效率优先为原则优化战略性新兴产业的政策体系

1.新质生产力所需的战略性新兴产业的政策体系目标：效率优先

产业政策对作为后发国家的中国来说，是不可或缺的。我国多个先进制造业和战略性新兴产业快速发展并具有国际竞争力的事实，雄辩地证明，我国的产业发展路径既有着世界各国产业发展的共性，也有着我国特定发展阶段、特殊国情下的个性。但是也要清楚地看到，我国战略性新兴产业的产业政策也有其不足之处，即总体效能还有待提高。发展新质生产力是一个长期、系统、动态的过程，要求战略性新兴产业政策应该从更注重产业发展速度、规模扩张，转向更注重政策实施和产业发展的效率。

2.战略性新兴产业政策体系的着力方向

一是推出产业政策绩效评估的方法和流程，对产业政策绩效进行评估和优化。

我国产业政策数量多，但是缺少对于产业政策流程和效果的评估。应该在每一项产业政策推出后，逐年评估一下绩效，找到有待进一步优化的政策环节或政策措施，不断修改优化，以动态的政策来实现更好的政策实施效果。美国、英国、德国等都对本国的产业政策绩效进行定期评估。美国的彼得森国际经济研究所对1970年到2020年实施的18项美国产业政策进行了调查，将其分为三大类：贸易措施封锁美国市场或开放国际市场、联邦或州政府针对特定公司进行补贴、资助公共和私人研发推进技术发展。每项政策成果通过三个标准进行评分：对美国在全球市场（或在某些情况下在本土市场）竞争力的影响、挽救每个现有工作岗位或创造每个新工作岗位的年度成本是否合理（如不超过当时平均工资水平）、是否推动了前沿科技发展。这一研究的结论是，产业政策可以挽救或创造就业机会，但往往要付出高昂的代价，因此要适度、谨慎地实施产业政策。对产业政策进行动态绩效评估，可以有效地提高产业政策的实施效果，避免政策走偏甚至出错，导致严重浪费。

我国战略性新兴产业政策体系评估应做到：充分听取企业界包括各种所有制企业，尤其是民营和外资企业的意见，闻过则喜；充分研究世界其他发达国家产业政策评估的方法，博采众长；对于绩效偏低的政策要及时修改，对于负效应明显的企业应及时取缔，不能因为部门利益而导致政策"尾大不掉"。

二是加强产业政策的顶层设计与统筹规划。

根据国家战略发展目标，跨部门、跨地区进行统一规划，避免产业同质化竞争和资源分散，促进产业链上下游紧密配合和集群效应。提前布局相关配套基础设施，比如，针对新能源汽车行业的充电网络、针对高端制造业的检验检测服务平台等。设立高层次的跨部门协调机构，打破部门壁垒，实现产业政策与其他政策（如财政、科技、环保等）的有效衔接和协同配合。建立健全产业法律法规体系，确保产业政策具有稳定性和可预期性，同时注重政策的公平性和透明度。适时对产业政策进行评估反馈和动态调整，使之能够适应不断变化的内外部环境，保持政策的灵活性和有效性。

在具体产业政策设计中，也应提高系统性。这一点应借鉴德国的做法。在促进新能源汽车产业发展时，德国不仅制定了发展目标，而且为实现目标设计了一系列具体政策，比如，技术路线的选择、对能量储存技术的扶持、对车辆驱动技术的扶持、对材料可获得性的支持、对基础设施发展的支持、对能源供应体系的扶持等。依据产业发展要求量身打造的相关具体政策与宏观政策一起形成了完备的政策体系，既有细致全面的总体规划，又有明确的阶段目标，同时还兼具清晰的技术路线。提高产业政策系统性，不仅要借鉴他国的好做法，还需要多元主体共同参与。经过科学的论证、反馈过程，再择机推出，并不断完善。

三是优化对产业的支持方式。充分利用现有渠道，支持重点领域核心技术攻关和关键共性技术平台建设。创新资金使用方式，积极运用先进制造产业投资基金、京津冀产业协同发展投资基金等产业投资基金，扶植创新发展的骨干企业和产业联盟，推进重点领域关键技术产业化项目。完善对首台（套）重大技术装备示范应用的鼓励政策，健全研制、使用单位在产品创新、增值服务和示范应用等环节的激励约束机制。积极发挥政策性金融和商业金融的优势，利用贷款贴息、担保等方式，引导各类金融机构加大对行动计划实施的信贷支持，合理确定贷款利率。支持重点领域制造业企业产融结合，开展产品融资租赁业务，推进租赁资产证券化试点。健全多层次资本市场，对符合条件的行动计划实施企业在发行股票、企业债券、公司债、中期票据、短期融资券以及吸收私募股权投资等方面给予支持。拓宽战略性新兴产业的融资途径，包括风险投资、股权众筹、绿色债券、政策性贷款等，减轻企业融资难、融资贵问题。

四是加强支撑体系建设。整合政府、企业、行业协会、科研院所等多方资源，积极开展标准的制修订、评估、试点、验证、宣贯和推广应用工作，积极主导或参与国际标准制定。加强第三方检验检测认证机构建设，按照自愿性认证和强制性认证相结合的原则，建立健全重点领域产品认证制度和市场采信机制。加强企业信用体系建设，完善企业质量信用动态评价、守信激励和失信惩戒机制。推行企业产品标准、质量、安全自我声明和监督制度，强化企业社会责任和行业自律。

五是对企业的补贴从生产端转向研发端。过多补贴企业的生产端，容易激励企业热衷扩大生产规模，导致全行业产能过剩。补贴企业研发端要做到以下三个方面。第一，财政补贴要向重点研发环节倾斜。只有对企业的研发成果进行补贴，才能引导企业资源从生产环节向研发环节转移，鼓励企业通过创新能力的提升来获得核心竞争力，也才能有效地实行效率标准，为那些掌握了先进技术并具有良好发展前景的企业提供资金支持。第二，从补贴生产企业转向补贴消费者。只有对消费者进行补贴，让用户反馈通过市场机制来引导企业的研发活动，才能有效降低新兴产业发展过程中的路径选择风险，节省研发资源浪费。第三，逐步形成多元化和多层次的科技金融体系，与R&D补贴形成良性互补。

附 录

新质生产力研究综述

一、国内外关于生产力研究的学术史梳理

生产力理论是马克思主义政治经济学的最重要内容之一,马克思后有过"新的生产力"和"新兴生产力"等新表述,以分析生产力不同时代阶段的形式和特点。2023年9月7日,习近平总书记提出发展"新质生产力"的时代要求,这是马克思主义时代化中国化发展新成果,对推进中国式现代化建设意义重大。

古典经济学家首先提出"生产力"概念。魁奈最早提出"土地生产力",认为庞大的军队会把田地荒芜,相反,庞大人口和财富则可以使生产力得到很好的发挥。亚当·斯密提出"劳动生产力"概念,并认为"劳动生产力最大的增进,以及运用劳动时所表现的更大的熟练、技巧和判断力,似乎都是分工的结果"。萨伊认为生产是土地、劳动和资本的结合,进而将生产力细化为"资本生产力"和"自然生产力"。李斯特是马克思之前研究生产力最全面系统的经济学家,他提出"国家经济学",在此基础上提出"国家生产力",认为"财富的生产力比之财富本身不晓得要重要多少倍",用"制造力"一词来表达制造业创造财富的能力远高于原材料生产和农业;李斯特将生产力概括为四方面,即个人的身心力量和社会政治制度状况、自然环境和农工商业资本,前二者称为精神生产力,后二者称为物质生产力。

马克思在继承和批判前人生产力理论的基础上,以辩证唯物主义历

史观来研究生产力的内涵及历史作用,创新性地提出并形成系统的马克思主义生产力理论。第一,马克思理论中的生产力是指"劳动的生产力","各种经济时代的区别不在于生产什么,而在于怎样生产,用什么劳动资料生产""生产力当然始终是有用的具体的劳动的生产力"。第二,生产力是人类社会进步的根本动力。"物质生活的生产方式制约着整个社会生活、政治生活和精神生活的过程";"社会的物质生产力发展到一定阶段,便同它们一直在其中运动的现存生产关系或财产关系(这只是生产关系的法律用语)发生矛盾。于是这些关系便由生产力的发展形式变成生产力的桎梏。那时社会革命的时代就到来了"。"人们所达到的生产力的总和决定着社会状况",资本主义的生产关系不适应生产力的发展,最终必然为社会主义生产关系所代替。第三,任何一个时代的生产力都是既往积累的结果。"人们不能自由选择自己的生产力——这是他们的全部历史的基础,因为任何生产力都是一种既得的力量,是以往的活动的产物。"生产力是人们应用能力的结果,决定于先前已经获得的生产力,决定于他们以前已经存在、不是由他们创立而是由前一代人创立的社会形式。第四,决定生产力的要素是多重的。"劳动生产力是由多种情况决定的,其中包括:工人的平均熟练程度,科学的发展水平和它在工艺上应用的程度,生产过程的社会结合,生产资料的规模和效能,以及自然条件。"这五方面因素有机组合和合理配置,对生产力作用过程和生产率优化起着基本的也是决定性的作用。第五,"脑力劳动特别是自然科学的发展"是社会生产力发展的重要来源。马克思深邃地预见到,随着"资本唤起科学和自然界的一切力量","生产过程成了科学的应用,而科学反过来成了生产过程的因素即所谓职能。每一项发现都成了新的发明或生产方法的新的改进的基础……科学获得的使命是:成为生产财富的手段,成为致富的手段"。第六,马克思主义不是孤立地研究生产力,是从生产力和生产关系的辩证关系中研究生产力。生产力决定生产关系,生产关系要适应生产力的发展,生产关系是生产力发展的社会形式,生产关系会反作用于生产力,成为唯物史观的基本原理。

列宁的生产力理论中,更多地使用劳动生产率这一概念,通过提高劳动生产率促进生产力发展。第一,"劳动生产率归根到底是使新社会制度取得胜利的最重要最主要的东西"。列宁认为,资本主义创造了在农奴制度下所没有过的劳动生产率。资本主义可以被最终战胜,而且一定会被最终战胜,因为社会主义能够创造新得多高得多的劳动生产率。第二,社会主义革命胜利之后,要把提高劳动生产率放在首位。首先保证大工业的物质基础,其次需要居民群众、工人和干部的文化教育水平,提高劳动者的纪律、工作技能、效率、劳动强度,改善劳动组织;广泛地和全面地利用资本主义遗留的科学技术专家;使全体工会会员的利益同生产结合起来。

马克思关于生产力中工业和科学规律的认识及一系列预见,得到了西方经济学家的相关论证。如美国学派早期代表人物亨利·克莱以英国工业革命的事实说明,机器如何可以使劳动生产率提高200倍,并直接将机器的使用与科学技术的进步联系在一起。他认为:一个建立在科学基础之上,培育实用的、机械的和制造工艺优势的国家必将在力量上是优异的,并能保持这种优势地位。亨利·克莱的这一思想逐渐演化为"资本的能量生产率"理论,其核心思想是将利用高等级能量驱动的资本(如机器设备和化肥等)视作生产力发展的根本。

生产力发展的进步作用在19世纪之前展现出来的景象相对缓慢,著名的法国历史学家费尔南·布罗代尔(Fernand Braudel)发现,在前现代世界,社会和文化力量是"缓慢、沉默和复杂的",影响着人们采用技术的方式和时间,进而制约着生产力发展和经济增长进程。但是这种慢速动态从19世纪末开始被打破,日益发展表现为科学技术进步驱动的生产力的快速升级换代。美国历史学家刘易斯·芒福德(Lewis Mumford)认为20世纪30年代美国已经成为技术生产力社会,因为"无论是否需要,产品都会被生产出来；无论有用与否，发明都会被利用"。20世纪90年代媒介环境学派代表人物尼尔·波兹曼（Neil Postman）进一步称这种发展为"技术统治"（technocracy）的新型社会，西方国家特别是美国甚至从"技术统治"转变为"技术垄断"。

  对于科技和产业进步动因的相互关系，20世纪70年代，哈贝马斯在《作为"意识形态"的技术与科学》中第一次明确提出"科学技术是第一生产力"的重要命题："随着大规模的工业研究，科学、技术及其运用结成了一个体系。在这个过程中，工业研究是同国家委托的研究任务联系在一起的，而国家委托的任务首先促进了军事领域的科技的进步。科学情报资料从军事领域流回民用商品生产部门。于是，技术和科学便成了第一位的生产力。"科学与技术交织、渗透在一起，迅速转化为现实生产力。科学技术成为第一位的生产力后，科学技术就成了剩余价值的独立来源和独立的系统变数。哈贝马斯在"晚期资本主义"理论中指出，信息产业、知识集约型工业等产业的发展主要靠科技来实现，无须大量能源，却可以创造大量财富。根据条件，20世纪50—60年代西方国家国民生产总值的增长中，科技贡献高达50%左右，之后上升到60%—80%。演化经济学家卡萝塔·佩蕾丝在《技术革命与金融资本》一书中提出，过去200年间共发生五次技术革命，每一次技术革命都形成了与其相适应的技术——经济范式，其中金融和信用制度起到了关键作用；每次技术革命持续五六十年，划分为两大时期，头二三十年称为导入期，后二三十年称作拓展期，使总的效率水平提高到一个新的高度，整个生产体系得以进一步现代化和更新换代。由此，卡萝塔·佩蕾丝和苏蒂提出落后国家实现经济追赶的"两种机会窗口理论"，对于落后国家真正有意义的是处于酝酿阶段的新技术革命所提供的"第二种机会窗口"，通过进入新兴产业，这些国家不仅可以有效缩小与发达国家之间的差距，甚至有可能实现跳跃式发展。

生产力发展不同阶段有着标志性的主导性产业，主导产业会随着新兴产业和未来产业的交替而升级换代。德国历史学派经济学家罗雪尔提出"主导生产要素更替阶段论"，从微观层次上探索要素更替、产业变迁与生产力发展的规律；新西兰经济学家费希尔首创"三次产业依次成长论"，概况中观层次生产力更替规律；二十世纪七八十年代，贝尔和托夫勒提出"技术社会形态演替阶段论"；杰里米·里夫金在《第三次工业革命》中把"通信和能源革命"的结合作为工业革命爆发或生产力进步的标志。进入信息化社会以来，埃里克·布莱恩约弗森和安德鲁·麦卡菲预见性地提出，新的技术和产业革命不再以增强肌肉的机器为特征，相反，是以增强人类思维能力为特征的，人工智能、大数据、创新网络、高能机器人和基因技术使行业发生巨大的变化，更多新生事物将纷纷到来。

新兴产业促进生产力的发展路径长期处于争论状态，至今形成看似对立的两个路径机理，即平衡发展理论与非平衡发展理论。平衡发展理论以罗森斯坦-罗丹（Rosenstein-Rodan）的"大推进理论"为典型代表，认为发展中国家要摆脱贫困，必须对各个工业部门全面地、大规模地投入资本，推动以工业化为代表的生产力发展。非平衡发展理论代表是阿尔伯特·赫希曼（Hirschman）等，主张资源有限的发展中国家应采取不均衡的发展战略，依托主导产业的带动作用，形成各产业循环交替上升发展态势。罗斯托（Rostow）进一步强调主导产业对经济的带动作用及创新的力量，在产业升级的过程中应当将平衡发展与非平衡发展结合起来，以非平衡发展为基础，以平衡发展为目标，最终实现产业升级。

二、中国共产党对于发展社会主义生产力的主要论述

毛泽东1945年在党的七大报告中指出："中国一切政党的政策及其实践在中国人民中所表现的作用的好坏、大小，归根到底，看它对于中国

人民的生产力的发展是否有帮助及其帮助的大小,看它是束缚生产力的,还是解放生产力的"。新中国成立后,毛泽东强调"社会主义革命的目的是为了解放生产力"。邓小平在改革开放初期指出"社会主义的首要任务是发展生产力,逐步提高人民的物质和文化生活水平",同时,邓小平提出"科学技术不仅是生产力,而且是第一生产力"的新论断,进而做出"解放生产力,发展生产力,消灭剥削,消除两极分化,最终达到共同富裕"的新概括,这一理论概括极大拓展了马克思主义政治经济学发展新境界。新质生产力的代表战略性新兴产业和未来产业的发展必然对原有产业体系产生冲击与改变,难免引发担心与顾虑。但是如果生产力水平长期处于全球产业链和价值链的中低端,是无法实现现代化强国建设的目标的。因此,需要从更宏大的技术经济周期视角来把握发展大势,在新的科技革命和产业变革中找到"根技术",控制"根产业",探寻执未来产业的"牛耳",牢牢追随把握技术革命与产业革命的潜在方向。2020年4月1日,习近平总书记在浙江考察时首次提出未来产业,指出要抓紧布局数字经济、生命健康、新材料等战略性新兴产业、未来产业。2020年10月,习近平总书记在深圳经济特区建立40周年庆祝大会上的讲话中强调,要围绕产业链部署创新链、围绕创新链布局产业链,前瞻布局战略性新兴产业,培育发展未来产业,发展数字经济。《中华人民共和国国民经济和社会发展第十四个五年规划和2035年远景目标纲要》明确提出,"在类脑智能、量子信息、基因技术、未来网络、深海空天开发、氢能与储能等前沿科技和产业变革领域,组织实施未来产业孵化与加速计划,谋划布局一批未来产业"。

三、国内学者关于社会主义生产力理论的相关概述

王学文在20世纪80年代初提出,生产力由劳动力、劳动手段、劳

动对象三个基本因素构成。作为一般生产力的自然科学在生产力的发展中起着愈来愈大的作用。科学是知识形态的生产力，科学的成果一经产生，并同劳动力、劳动资料、劳动对象相结合，就会变成一种直接的物质生产力。杨永华在《马克思和刘易斯：经济发展理论比较》一文中提出，从生产力层面考察，马克思的《资本论》是一部产业经济发展著作，因为马克思从中研究了在现代化早期新兴产业部门的形成、机械化和工厂制度的建立过程等重大理论问题和实践问题。2003年著名经济学家宋涛在《大力发展先进的生产力》一文中，提出发展先进生产力，是建设中国特色社会主义的需要，我国要使社会生产力能有更快速度的发展，除了要培养大批熟练程度和技术水平高的劳动者外，特别要大力研制具有自主知识产权的技术性能先进的机械设备。张云霞、徐玉生在《发展先进生产力是现代化的核心内容》中认为，发展先进生产力是实现现代化的根本推动力量，这既有着理论的依据，又有着历史的佐证。现代化的基本内核是发展先进生产力，先进生产力的发展推动世界现代化进程。李梦欣、任保平在《新中国70年生产力理论与实践的演进》中总结认为，新中国70年以来在生产力理论上的创新发展，包括由传统生产要素向组合生产要素的发展，由生产力效率向生产力质量发展以及由短期生产力向长期生产力的发展。中国进入经济新时代后，习近平总书记更为强调创新生产力、知识生产力的核心动力，促进重视绿色生产力成为普遍形态，加强劳动生产力质量对生产力质量的促进效果，以及推进生产力要素组合的协调与融合。顾海良认为，习近平总书记在科学技术是第一生产力的基础上提出的最大限度解放和激发科技作为第一生产力所蕴藏的巨大潜能的中国话语，是新政治经济学学科建设的历史起点，也是新政治经济学学科体系展开的逻辑起点。

四、新质生产力理论的最新研究现状

习近平总书记关于新质生产力的思想理论提出后,几个月以来,学术界围绕新质生产力的讨论主要有以下几个方面。

1.新质生产力提出的内在逻辑。新质生产力提出有其生产力发展逻辑、理论逻辑和中国实践逻辑,理论界有以下观点。

从生产力发展逻辑看,第一种观点认为新质生产力是在传统生产力的基础上发展起来的。纵观人类演化历程,由石器到铁器、农业社会到工业社会,生产力总是保持着从低级向高级阶段升级迭代的姿态。只有当生产力发展到一定阶段,新质生产力才有可能发展起来,并且只有在新技术和新生产方式的发展中,才能进一步推动生产力的发展与进步。第二种观点认为,新质生产力产生于中国共产党解放和发展生产力历程的探索与总结。生产力理论贯穿于中国共产党治国理政的始终。中国共产党在百余年的发展历程中始终代表先进生产力的发展要求与最广大人民群众的根本利益,并基于此为新时代习近平总书记提出新质生产力的重要论述提供了历史借鉴。

从理论逻辑看,第一种观点认为新质生产力不仅坚持了马克思生产力理论的基本观点,对生产力概念进行了新的理论飞跃,是对马克思生产力理论的创新与发展,同时也是马克思主义生产力理论中国化时代化的新飞跃。第二种观点从生产力与生产关系的矛盾运动出发,指出新质生产力与旧的生产关系之间的冲突创造了社会矛盾运动的基础。第三种观点认为,新古典经济学所强调的生产力的可测量性与可预测性、新制度经济学的"制度决定论"、演化经济学指出的人力资本等因素在提高生产力中的作用,为研究新质生产力提供了重要的理论脉络。

从中国实践逻辑看,理论界主要从新质生产力的必然性、重要性和必要性三方面展开论述。第一，就新质生产力形成的必然性而言，新质生产力的发展不仅是对中国传统文化、社会结构与历史经验的继承，同时还融入了社会主义理念与实践创新，彰显了中国式现代化道路的内在发展逻辑。在中国式现代化视域下，新质生产力是适应我国经济新发展阶段转变的必然选择，是破解经济转型时代命题的科学回答，是建设现代化国家的战略取向。第二，就新质生产力形成的重要性而言，新质生产力是推动东北全面振兴的战略抓手，是新时代以来把科技创新作为引领东北全面振兴的关键一招。这不仅是对东北地区发展战略和现实问题的考量，更为全国经济发展指明了行动方向。第三，就新质生产力形成的必要性而言，在大国博弈日益激烈、国际力量对比深刻调整的时代背景下，世界各国在关键核心技术上的竞争加剧，科技创新成为各国掌握主动权的关键，新质生产力将成为大国博弈的重要阵地。在新一轮科技革命和产业变革的背景下，形成新质生产力，面向前沿领域尽早布局，提前谋划变革性技术，引领发展战略性新兴产业和未来产业，是不容错过的历史机遇，是推动经济高质量发展的必然要求。

2.新质生产力的内涵。新质生产力不是凭空产生的，是传统生产力基础上的生产力跃迁。目前理论界关于新质生产力与传统生产力之间联系的研究较少，主要有以下观点：其一，新质生产力所依据的科技创新，是上一轮科技革命信息技术成果的革新，没有网络和计算机，就没有所谓的数字技术革命；其二，传统产业在新技术革命主导下的转型升级，成为新质生产力的重要组成部分，这是新质生产力与传统生产力在产业载体上的内在联系；其三，新质生产力的构成要素固然加入了数据、知识与信息等新型生产要素，但同样也离不开传统生产要素与新型生产要素的综合作用。

但目前理论界从不同角度辨析了新质生产力与传统生产力的区别，主要有以下几种观点。第一种观点认为新质生产力与传统生产力的构成要素不同。马克思认为劳动过程的基本构成要素是有目的的活动或劳动本身、劳动对象和劳动资料。今天,新质生产力的构成要素与传统生产力存在明显差别。具体来看,就有目的的活动或劳动本身而言,与传统生产力适配的是普通工人与技术工人,新质生产力需要的则是技术应用方面的人才;就劳动对象而言,新质生产力的劳动对象与范围明显扩大,不仅包括传统物质形态的原材料,同时包括数据等非物质形态对象;就劳动资料而言,普通机器与电子计算机是传统生产力的主要劳动资料,与新质生产力相匹配的劳动资料则是一系列"高精尖"设备。第二种观点认为新质生产力与传统生产力的影响不同。新质生产力将改变人的劳动形式,新一代信息技术将取代部分脑力劳动,劳动者将拥有更多时间从事精神生产,进而实现人的全面发展。第三种观点认为新质生产力与传统生产力在动力来源、发展速度、发展模式与发展目标方面存在区别。具体来看,就动力来源而言,传统生产力的动力源自要素投入,新质生产力的动力源自科技创新;就发展速度而言,传统生产力发展缓慢,新质生产力能够在创新驱动下实现跳跃式、跨越式发展;就发展模式而言,传统生产力以资源消耗、环境破坏为代价,新质生产力在技术支撑下能够防止资源能源的过度使用;就发展目标而言,传统生产力追求经济规模扩大,新质生产力则着眼于当前利益与长远利益,经济效益、社会效益和生态效益相统一的高质量发展。

  在深刻认识和把握新质生产力与传统生产力联系和区别的基础上,新质生产力具有有别于传统生产力的新内涵,理论界对此有不同的观点。第一种观点认为,理解新质生产力内涵,可从生产力概念出发。新质生产力作为具有时代特质的生产力,是指在科技进步条件下,由新兴产业尤其是战略性新兴产业所催生的具有新的性质、新的属性的利用自然、改造自然的能力。新质生产力的核心动力源自"新",是以新科技、新产业载体、新要素为主要驱动力,以劳动者、劳动资料和劳动对象及其优化组合的质变为基本内涵,以全要素生产力提升为核心标志,以高质量发展为宗旨的先进生产力。第二种观点认为,理解新质生产力内涵,可从"新""质"和"生产力"三个维度出发。其中,"新"是新质生产力的特点,指新技术、新模式、新产业、新领域、新动能,是变革旧式、打破惯例的"新";"质"是新质生产力的关键,代表质量、品质、本质,强调以科技创新为主导,以关键性技术和颠覆性技术为生产力发展提供创新驱动力;"生产力"是新质生产力的落脚点,表现为由热力、电力、网力到算力的迭代升级,是推动社会进步最活跃、最革命的因素。第三种观点认为,理解新质生产力内涵,可从经济学角度出发。新质生产力对应新的生产方式、科学技术与产业形态,是以科技创新发挥主导作用的生产力,是摆脱了传统增长路径、符合高质量发展要求的生产力,是数字时代更具融合性、更体现新内涵的生产力,是能够带来高品质社会生活的生产力,代表生产力演化中的一种能级跃迁。新质生产力不仅仅是对传统生产力的单纯升级,更是一种新的经济发展模式,是在未来发展和赢得国际竞争主动权的新发展范式。第四种观点认为,理解新质生产力内涵,可从"新质态"出发。作为时代变迁的产物,新质生产力是在数智化生产条件下,以新型生产要素为基础,以前沿科技和颠覆性技术为主导,以数字经济和智能经济为发展介质而形成的新质态,是一种更加符合高质量发展要求的"新"的"物质力量"。第五种观点认为,理解新质生产力,可从"1—2—3—4"的理论框架出发。具体来看,"1"指科技创新这一关键核心,"2"指两个根本原则,最大限度释放人的聪明智慧和最大限度保护生态环境;"3"指三个基本要求,即低污染、低消耗和低投入;"4"指四个主要内容,即形成新竞争优势、培育现代企业群体、构建现代产业体系和建立良好生态环境。

3.新质生产力的主要特征。理论界从不同角度探究了新质生产力的特征,总体来看,主要有以下几方面。第一,新质生产力具有引领性。

新质生产力以新发展理念为思想指引，是一种可以适应国际新规则，改造生产格局的新发展范式，是实现中国式现代化的物质引擎。新发展理念符合新质生产力的发展要求，创新体现新质生产力的根本驱动，协调体现新质生产力的区域均衡，绿色体现新质生产力的生产方式，开放体现新质生产力的内外联动，共享体现新质生产力的高阶目标。第二，新质生产力具有创新性。这种创新性不仅体现在生产要素上，同时还体现在技术层面。一方面，新质生产力以数据和算力为新型生产要素，不再仅仅追求单一生产要素量的连续追加，更强调不同生产要素的有机融合，实现生产力三要素的数智化；另一方面，新质生产力以新科技革命为主导，以人工智能、绿色低碳和量子信息等前沿技术为主要驱动力。新质生产力的形成离不开科技创新的进步，没有科技创新，新质生产力就无从谈起。第三，新质生产力具有前瞻性，这主要体现在运用新技术的新兴产业上。战略性新兴产业和未来产业作为新质生产力的载体，决定着一个国家或地区的核心竞争力。新兴产业未必都是战略性新兴产业，战略性新兴产业和未来产业既要走在科技前沿，又要以其全新的产业链条和产业协同耦合推动经济社会高质量发展。第四，新质生产力具有高阶目的性。新质生产力不仅表现在生产要素高质量，更强调在动力变革、效率变革和质量变革的过程中走出一条经济效益、社会效益和生态效益相统一的高质量发展道路。新质生产力是面向未来的全局性变革，它具有更高的历史方位和历史使命，为实现高质量发展和中国式现代化贡献中国智慧和中国方案。

除了上述新质生产力的典型特征外，有学者认为新质生产力还具有数字化和绿色化的时代特征；还有学者指出新质生产力具有渗透性、提质性与动态性等特征。与此同时，还有学者认为在中国式现代化视域下，新质生产力具有经济结构智能化、治理能力高效化、社会结构柔性化与生态文明同步化的特征。新质生产力在经济、政治、社会、文化以及生态文明的各领域内,均显示出了综合性与层次性。

4.形成新质生产力的实践路径。关于培育新质生产力的实践路径,学术界在以下政策举措上取得了一致认同。第一,加快完善新型举国体制。要发挥新型举国体制对关键性技术和颠覆性技术攻关的保障作用,强化新质生产力的技术支撑。一方面,构建与新质生产力相适应的科技创新体制,强化新质生产力的技术支撑;另一方面持续深化体制机制改革,以举国体制形成科技突破的强大合力。第二,加强新型基础设施建设。新型基础设施作为新质生产力的"新"的四个维度之一,要适应科技创新范式变革、模式重构的新需求,围绕战略性新兴产业和未来产业发展,优化升级传统基础设施,加强新型基础设施建设。第三,深入实施创新驱动发展战略。这可以从三个层次加以理解:首先,建设面向原始创新的科研体系,推动更多"0—1"的原始创新;其次,构建以企业为主体的"1—10"的创新成果转化体系,提升科技对新质生产力的支撑作用;最后,聚焦底层共性技术的突破创新,加快推动由"10—100"的科技成果转化应用。第四,着力培育高水平人才。要培养出与新质生产力相适配的高水平人才,一是要完善以创新能力为导向的高水平人才培养体系,建设创新型人才梯队,形成创新高地;二是要提高劳动者素质,强化人才培养质量,优化人力资本结构,将人才队伍建设摆在突出位置。第五,加快布局战略性新兴产业和未来产业发展规划。形成新质生产力,关键在于培育形成新产业。在更多情况下,传统产业与新兴产业、萌芽中的未来产业并存,这就需要一方面立足区位优势资源,以升级传统产业壮大新兴产业与传统产业融合发展,推动产业结构高端化;另一方面立足实体经济创新,加快推动数字产业化和产业数字化转型升级,释放产业载体功能。第六,发挥有效市场和有为政府的协同作用。有效市场体现在引导各类要素资源向新质生产力集聚,加快全国统一大市场建设,释放蕴藏的巨大市场潜力。有为政府体现在优化顶层设计,为新质生产力营造良好的制度环境，激发企业创新主体活力。要让市场在资源配置中发挥决定性作用，更好发挥政府作用，需要用好我国集中力量办大事与超大规模市场的独特优势，加快培育和形成新质生产力。第七，坚持深化扩大开放。在宏观视野上，加快形成新质生产力，必须坚持深化对外开放，积极参与国际科技创新，实现高水平科技自立自强。

　　除了上述理论界一致认同的培育新质生产力的主要政策举措之外，有学者认为不仅要加快推动生产方式的变革，同时还要高度重视生产关系的调整与优化。还有部分学者从智能化绿色化共融发展、强化金融对新质生产力的支撑作用、优化科技治理，塑造开放创新生态等方面提出加快培育新质生产力的实践路径。

后 记

自2023年9月，习近平总书记在新时代推动东北全面振兴座谈会上提出新质生产力之后，全国理论界掀起了研究新质生产力的热潮，已经形成一大批研究成果。为了深入学习研究习近平总书记关于新质生产力的重要论述，中央党校（国家行政学院）经济学部成立课题研究组，多次召开研讨会，反复学习、跟踪研究，并获批2023年度国家社会科学基金重点项目，项目批准号：23AZD083。几个月来，作者团队在《经济日报》《学习时报》等报刊发表若干篇学术论文，引起一定反响，本书就是该项目的阶段性成果。

本书各章节写作的具体分工是：赵振华撰写序言、第一讲、第二讲、第三讲、第八讲、第九讲、后记，李鹏撰写第四讲、附录，杨振撰写第五讲，郭威撰写第六讲，马小芳撰写第七讲，徐杰撰写第十讲。

由于水平有限，对新质生产力还需要进一步深入研究。时间仓促，难免有误，希望读者批评和指正。在出版过程中，人民日报出版社的蒋菊平和南芷葳默默无闻地做了大量工作，在此表示衷心的感谢！